DOMINA TU ANSIEDAD AL HABLAR EN PÚBLICO

DEL PÁNICO ESCÉNICO AL ESTRELLATO EN SIMPLES PASOS, ¡TÚ PUEDES VENCER EL MIEDO Y HABLAR CON CONFIANZA!

BETH FAULKNER

SIN TÍTULO

Domina tu ansiedad al hablar en público

Del pánico escénico al estrellato en simples pasos, ¡tú puedes vencer el miedo y hablar con confianza!

INTRODUCCIÓN

¿Alguna vez te han sudado las palmas de las manos y se te ha acelerado el corazón sólo de pensar en la idea de hablar frente a un público? Ese momento en el que mencionan tu nombre y, de repente, sientes como si todos los ojos de la sala se clavasen en ti y cada latido resonase con fuerza en tus oídos. No es sólo incomodidad, es un miedo paralizante que puede impedirte avanzar en tu vida personal y profesional. ¡Nadie nace sabiendo cómo captar la atención de un grupo contando una historia de manera magistral!

Conozco muy bien esa sensación. No hace mucho tiempo, yo estaba precisamente donde posiblemente estés tú ahora: hecha un manojo de nervios antes de hablar en público, ya fuera en una pequeña reunión de equipo o en una gran conferencia. Mi transición de ser un mar de nervios a convertirme en una oradora segura, fue rápida y estuvo llena de tropiezos. He tenido que hablar en muchas situaciones: capacitando a nuevos empleados, rindiendo homenaje a seres queridos, celebrando hitos e incluso explicando conceptos complejos a niños. Cada experiencia me ha enseñado lecciones invaluables sobre lo que funciona (y lo que no) a la hora de dirigirme a un público.

Este libro es la síntesis de todo lo que he aprendido. Está diseñado específicamente para personas como tú: individuos ocupados que necesitan herramientas prácticas y concretas para reducir la ansiedad al hablar en público y mejorar sus habilidades de oratoria con una inversión mínima de tiempo. A través de una serie de ejercicios prácticos y consejos del mundo real, aprenderás a calmar tus nervios, conectar con tu público y transmitir tus mensajes con confianza.

Al final de este libro, no sólo serás capaz de controlar tu miedo, sino que dominarás el arte de hablar en público. Dispondrás de las herramientas necesarias para seguir perfeccionando tus habilidades en cada oportunidad que se te presente, transformando la ansiedad en entusiasmo y la aprensión en logros.

Lo que distingue a esta guía es la combinación de mi experiencia personal, conocimientos psicológicos y un enfoque centrado en la aplicación en el mundo real. No se trata sólo de teoría, sino de un enfoque práctico que implica salir de tu zona de confort y enfrentar los desafíos sin rodeos. Recuerda, hablar en público eficazmente es más parecido a un maratón que una carrera de velocidad; requiere práctica, persistencia y mucha paciencia.

Ten en cuenta que tu historia personal influye en cómo reaccionas al encontrarte en situaciones como ésta. Lo que has experimentado antes no determina tu futuro: puedes incorporar y adaptar una serie de habilidades para contrarrestar y controlar tu ansiedad. No se trata de una actividad que se logre de una sola vez, sino que requiere una práctica constante y refelxiva. Seguramente, estos pasos te resultarán útiles en las diferentes facetas de tu vida, no solamente al hablar en público, sino también respecto a nuevas experiencias en todos los ámbitos. ¡Sé que a mí me ayudaron! Mi comunicación en general y mi sensación de comodidad frente a nuevas situaciones mejoraron notablemente gracias a mi determinación de superarme paso a paso.

Así que respira hondo. Estás a punto de iniciar un viaje transformador. Con cada página que pases, estarás más cerca de hablar con soltura y seguridad, sin importar el entorno o la audiencia. Comencemos juntos este camino, abrazando cada oportunidad de hablar como una chance para crecer e impresionar a tu audiencia y a ti mismo.

1
SENTANDO LAS BASES

*E*s tu turno de hablar. Mientras te acercas al estrado, te tiemblan ligeramente las manos y sientes un nudo en la garganta. ¿Te resulta familiar? Muchos de nosotros hemos pasado por esto: el corazón latiendo con fuerza y la mente acelerada pensando en todo lo que podría salir mal. No eres el único, es una experiencia humana compartida. En este capítulo, vamos a desglosar los fundamentos psicológicos de la ansiedad a la hora de hablar en público, comprender cómo reacciona nuestro cuerpo y explorar estrategias para convertir este miedo en una herramienta para realizar presentaciones poderosas y convincentes. Juntos, sentaremos una base sólida para construir tu confianza y tus habilidades como orador.

COMPRENDIENDO LA PSICOLOGÍA DEL MIEDO A HABLAR EN PÚBLICO

Hablar en público puede parecer como si de repente te pusieran un foco de luz encima, iluminando cada uno de tus defectos para exponerlos ante todos. Este miedo suele tener su origen en algunos desencadenantes psicológicos comunes. El más prevalente es el miedo a ser juzgados. Este miedo está profundamente arraigado en nuestra necesidad evolutiva de ser aceptados por nuestro grupo de pares, lo cual históricamente fue crucial para la supervivencia. Hoy en día, aunque no supone una amenaza para la vida, este miedo puede sentirse igual de intenso. Por ejemplo, es posible que te preocupes en exceso por olvidar tus líneas o tropezar con tus palabras, temiendo que estos pasos en falso lleven a tu audiencia a pensar mal de ti.

Otro desencadenante significativo son las experiencias negativas del pasado. Si alguna vez te ha ido mal al hablar en público, quizás te quedaste paralizado o la audiencia no reaccionó como esperabas; esos recuerdos pueden ocupar un lugar importante en tu mente, convirtiendo la anticipación de tu próximo discurso en algo a lo que temer. Estas experiencias pueden crear un ciclo de retroalimentación negativa en tu mente, donde la expectativa de ansiedad genera aún más ansiedad.

Nuestro cuerpo reacciona a estos miedos con una respuesta de lucha o huida, una reacción primaria que nos prepara para enfrentarnos al peligro o escapar de él. Cuando te levantas para hablar y se te acelera el corazón, te sudan las palmas de las manos y se te revuelve el estómago, tu sistema nervioso simpático se activa. Aunque esta respuesta puede ser abrumadora, es posible replantearla como una fuente de energía. Técnicas como la respiración profunda pueden ralentizar tu ritmo cardíaco y reducir la intensidad de las reacciones físicas, canalizando esa energía nerviosa hacia una presentación dinámica.

Pero aquí hay un giro interesante: la ansiedad no tiene por qué ser siempre tu enemiga. Los estudios sugieren que un nivel moderado de ansiedad puede mejorar tu rendimiento. Te mantiene alerta y agudiza tu enfoque en la tarea. La clave está en controlar esa ansiedad para que no se convierta en algo abrumador. Por ejemplo, los oradores experimentados suelen aprovechar la adrenalina para transmitir pasión y energía en sus presentaciones, lo que puede resultar increíblemente atractivo para la audiencia.

También es importante normalizar el miedo a hablar en público. ¿Sabías que incluso oradores experimentados como Warren Buffett y Richard Branson han admitido luchar contra la ansiedad al hablar en público? Su franqueza ante estos desafíos ayuda a desmitificar el miedo y demuestra que superarlo no sólo es posible, sino común.

Recuerda que sentirse nervioso al hablar en público es casi universal, pero también es algo que se puede controlar y mejorar con la práctica a través de las estrategias adecuadas. De hecho, empezar con pequeños pasos, como entablar conversaciones en situaciones cotidianas, como en el supermercado, puede ser una forma estupenda de comenzar a reducir tu ansiedad fuera de los entornos más exigentes.

Reflexiona y practica

Para comprender mejor tus factores desencadenantes, tómate un momento para reflexionar sobre tus experiencias anteriores al hablar en público. Identifica los casos concretos que pueden haber contribuido a tu miedo a hablar en público. Escríbelos y piensa qué te provocó la ansiedad en esas situaciones. Este ejercicio no consiste simplemente en atormentarte con el pasado; es un paso hacia el reconocimiento de patrones que puedes abordar y transformar en resultados más positivos en el futuro.

REFORMULAR TU NARRATIVA SOBRE LA COMUNICACIÓN EN PÚBLICO

Cuando se trata de hablar en público, muchos de nosotros llevamos un guion mental que dicta cómo percibimos nuestras capacidades y qué esperamos de nuestras presentaciones. Estos guiones suelen estar llenos de dudas y miedos, un conjunto de voces internalizadas que nos dicen que no somos lo suficientemente buenos o que el público sólo verá nuestros defectos. El primer paso para cambiar lo que sientes al hablar en público es enfrentarte a esas creencias y evaluarlas. Piensa en lo que pasa por tu mente cuando te piden que hables en público. ¿Te bombardean pensamientos como "no soy interesante" o "siempre meto la pata"? No se trata de pensamientos inofensivos, sino de barreras significativas que pueden impedirte reconocer tu verdadero potencial.

Aquí es donde entra en juego la reestructuración cognitiva. Esta estrategia psicológica consiste en identificar y cuestionar tus patrones de pensamiento negativos y convertirlos en otros más positivos y constructivos. Se trata de cambiar de mentalidad para ver oportunidades de éxito en lugar de predecir un fracaso inevitable. Por ejemplo, en lugar de pensar: "Se me va a olvidar todo lo que tengo que decir", puedes reformularlo en: "Me he preparado bien y tengo notas para guiarme si me quedo atascado". Este método no consiste en descartar tus miedos, sino en abordarlos de una forma más equilibrada y positiva.

Hablemos del papel de las afirmaciones positivas en este proceso. Las afirmaciones positivas son declaraciones que pueden ayudarte a desafiar y superar los pensamientos negativos y de auto sabotaje. Cuando afirmas repetidamente tus capacidades, tu mente comienza a aceptar estos pensamientos positivos como un hecho. Me gusta empezar el día con afirmaciones como "Soy una oradora segura y cautivadora" o "Mi voz importa". Decir estas afirmaciones en voz alta como parte de tu rutina matutina, puede tener un impacto profundo en tu autoestima y tu actitud, ante las situaciones en las que tienes que hablar en público.

Otra herramienta transformadora es crear una narrativa personal de éxito. Consiste en reflexionar sobre los éxitos pasados, por pequeños que sean, y utilizarlos para construir una narrativa que te empodere. Quizás una vez hiciste un brindis muy emotivo en la boda de un amigo o presentaste un proyecto bien recibido en el trabajo. Éstas son las historias que debes recordar antes de hablar en público. Anótalas, revísalas antes de hablar y utilízalas para alimentar una visión más confiada y positiva de tu capacidad para hablar en público. Recuerda que el camino de todo orador está sembrado de momentos de duda, pero nuestras historias pueden anclarnos en esas dudas o impulsarnos a seguir adelante.

Al poner en práctica estas estrategias, empezarás a reescribir el guión de tu narrativa al hablar en público. Esto no ocurre de la noche a la mañana, requiere dedicación y práctica. Pero, con el tiempo, estas técnicas pueden ayudarte a transformar tu visión de ti mismo como orador y a pasar de un estado de ansiedad y miedo, a uno de confianza y expectativa ante las oportunidades que ofrece la exposición en público.

EL ARTE DE LA ATENCIÓN PLENA PARA EL MANEJO DE LA ANSIEDAD

El término atención plena, también conocido como *"mindfulness"* puede parecer una palabra de moda en diversos círculos, desde la terapia hasta las clases de yoga. Sin embargo, en el fondo, es una práctica poderosa que puede transformar tu forma de afrontar la ansiedad al hablar en público. En pocas palabras, la atención plena es la práctica de tomar conciencia en todo momento de nuestros pensamientos, sentimientos, sensaciones corporales y del entorno que nos rodea. Se trata de estar presentes en el momento y aceptarlo sin juzgarlo. Esto puede ser especialmente útil al hablar en público, donde nuestra mente suele estar plagada de preocupaciones sobre el futuro o críticas sobre actuaciones pasadas.

Empecemos con un ejercicio esencial para cultivar la atención plena, el cual te será especialmente útil antes y durante tus intervenciones públicas. Yo lo llamo la técnica de Enfoque y Anclaje. Comienza por encontrar un lugar tranquilo. Cierra los ojos, inhala profundamente y exhala lentamente. Concéntrate únicamente en tu respiración, en el ascenso y descenso de tu pecho, en la sensación del aire entrando y saliendo de tu cuerpo. Cuando te surjan pensamientos, reconócelos y vuelve a enfocarte en tu respiración. Este simple acto de concentrarte en tu respiración puede centrar tu mente y reducir la sensación de ansiedad. Actúa como un ancla, devolviéndote al presente y alejándote de escenarios futuros o percances pasados que inducen a la ansiedad.

Otra técnica implica el enraizamiento sensorial, que puede resultarte especialmente útil cuando comienzas a sentirte abrumado en el escenario. El enraizamiento utiliza tus cinco sentidos para traerte de vuelta al presente. Así es como puedes hacerlo: identifica cinco cosas que puedas ver a tu alrededor, cuatro cosas que puedas tocar, tres cosas que puedas oír, dos cosas que puedas oler y una cosa que puedas saborear. Este método distrae tu mente de la ansiedad aportando un nivel de conciencia calmante y enfocado.

Los beneficios de integrar ejercicios de atención plena como éstos en tu rutina antes de hablar en público son profundos. Su práctica regular puede disminuir significativamente los niveles generales de estrés y ansiedad, no sólo en los momentos previos a un discurso, sino en todos los ámbitos de tu vida.

Mejora tu enfoque y concentración, que son elementos vitales para transmitir el mensaje con claridad y eficacia. Además, la atención plena fomenta la resiliencia mental, es decir, la capacidad de afrontar situaciones que provocan ansiedad, como hablar en público. Provoca una sensación de calma y control, en lugar de miedo y evasión.

Incorporar la atención plena a tu rutina diaria no tiene por qué ser una tarea abrumadora. Puede ser tan sencillo como dedicar unos minutos cada mañana a realizar el ejercicio de Enfoque y Anclaje o practicar el enraizamiento sensorial durante tus actividades diarias. Por ejemplo, sumérgete por completo en la experiencia mientras bebes tu café por la mañana. Percibe el calor de la taza en tus manos, el aroma del café, el vapor que se eleva en suaves remolinos y su rico sabor al tomar un sorbo. Estos pequeños momentos de atención plena te prepararán para hablar en público y mejorarán tu bienestar en general.

Recuerda que el objetivo es hacer de la atención plena una parte natural de tu vida, algo que no tengas que pensar dos veces. Del mismo modo que lavarte los dientes o consultar tu correo electrónico forma parte de tu rutina diaria, permite que la atención plena sea otra piedra angular de tu día a día. Con el tiempo, descubrirás que estas prácticas te ayudan a controlar la ansiedad antes de un discurso y a transformar la manera en que experimentas e interactúas con el mundo que te rodea. A medida que continúes practicando e integrando estas técnicas en tu vida, es probable que notes un cambio gradual en tu forma de responder a situaciones que antes te intimidaban, como hablar en público. La clave es la constancia y la paciencia contigo mismo a medida que aprendes y creces con estas prácticas.

EL PAPEL DEL LENGUAJE CORPORAL

Imagina que estás en una conferencia, observando a dos oradores. Uno está de pie, rígido, sin levantar apenas la vista de sus notas, mientras que el otro camina con confianza, manteniendo el contacto visual y haciendo gestos que parecen subrayar sus palabras. Lo más probable es que te sientas atraído por el segundo orador, percibiendo su confianza y compromiso incluso sin escucharlo. Esta reacción instintiva pone de relieve el profundo impacto del lenguaje corporal al hablar en público. Nuestras señales no verbales pueden transmitir confianza, franqueza y carisma o indicar incomodidad e incertidumbre, a menudo con más fuerza que nuestras palabras.

El lenguaje corporal, la orquesta silenciosa de tu presentación, desempeña un papel esencial en la recepción de tu mensaje. Los gestos abiertos, como extender ligeramente los brazos o mostrar las palmas de las manos, pueden indicar honestidad y voluntad de interactuar con el público. Estos gestos rompen barreras y aumentan la receptividad de tus palabras. En cambio, el lenguaje corporal cerrado, como los brazos cruzados o los puños cerrados, puede sugerir una actitud defensiva o de ansiedad, creando una sutil desconexión con tus oyentes. Del mismo modo, la postura afecta a cómo te perciben los demás y también puede influir en cómo te sientes contigo mismo. Mantenerte erguido, con los hombros hacia atrás y los pies firmemente plantados, puede aumentar la confianza en ti mismo y la asertividad, gracias a un pequeño ciclo de retroalimentación entre el cerebro y el cuerpo conocido como "cognición encarnada".

Hablemos ahora del uso estratégico del espacio. Moverse por el escenario o la sala puede ser una poderosa herramienta para mantener la energía y el interés. Por ejemplo, dar un pequeño paso adelante cuando se quiere enfatizar un punto o moverse hacia distintas partes del público puede hacer que la presentación resulte más dinámica e inclusiva. Sin embargo, es importante equilibrar este movimiento para que resulte intencionado y no parezca que vas de un lado a otro por nerviosismo.

Para empezar a perfeccionar tus habilidades de lenguaje corporal, un ejercicio práctico muy útil es grabarte a ti mismo mientras ofreces un discurso. Al principio puede resultar incómodo, pero es increíblemente eficaz para detectar hábitos que debes tener en cuenta, como el nerviosismo o evitar el contacto visual. Vuelve a ver la grabación y presta mucha atención a tus gestos, postura y cómo te desenvuelves en el espacio. ¿Tus movimientos realzan tus palabras o simplemente te distraen? Esta autoevaluación puede ser reveladora y suele ser el primer paso para realizar ajustes conscientes en tu comunicación no verbal.

Otra práctica esencial es actuar frente a un espejo. Esto te permite ver lo que ve tu público en tiempo real y realizar los ajustes necesarios al instante. Concéntrate en alinear tus expresiones con tu mensaje: tus expresiones faciales pueden transmitir entusiasmo, preocupación, sorpresa y toda una serie de emociones que refuercen tu mensaje verbal. Practica gesticulando más de lo que te parezca natural; lo que a ti te parece exagerado, al público suele parecerle perfecto.

La retroalimentación de los demás también es muy valiosa para dominar el lenguaje corporal. Después de practicar delante de un espejo o de grabarte a ti mismo, actúa delante de un amigo o mentor de confianza. Pídeles retroalimentación específica sobre tus señales no verbales. ¿Tus gestos están sincronizados con tu mensaje? ¿Tus movimientos en el escenario parecen motivados o aleatorios? Las críticas constructivas pueden ayudarte a perfeccionar tu enfoque, haciendo que tu discurso parezca más pulido y deliberado. Recuerda que el objetivo aquí no es sólo actuar, sino integrar estas técnicas de lenguaje corporal tan profundamente que se conviertan en una extensión natural de tu estilo de comunicación, mejorando tu capacidad para conectar con el público y cautivarlo.

TÉCNICAS DE CONTROL VOCAL PARA PRINCIPIANTES

Para causar impacto con tu discurso, la forma de decir algo es tan importante como lo que dices. Los elementos de la emisión vocal, como el volumen, el ritmo y el tono, pueden influir enormemente en la eficacia de tu discurso. Piensa en tu voz como si fuera un instrumento. Al igual que un músico ajusta su instrumento para conseguir el tono perfecto, tú puedes ajustar tu emisión vocal para mejorar tu discurso.

Empezando por el volumen, encuentra el punto óptimo en el que tu voz sea lo bastante alta para que todos los presentes la escuchen con claridad sin que parezca que estás gritando. Es un error común hablar demasiado bajo a causa de los nervios, lo que puede hacer que tu audiencia se esfuerce por escuchar, llevándola a desconectarse. Por otro lado, hablar demasiado alto puede parecer agresivo. Una buena práctica es llegar temprano al lugar de la conferencia y probar tu voz desde el podio. Pronuncia algunas líneas de tu discurso y camina por las distintas secciones de la sala; si es posible, pídele a un colega o amigo que te diga si puede escucharte sin esforzarse.

El ritmo es otro elemento crítico. ¿Has escuchado alguna vez a alguien que hablaba tan rápido que apenas podías seguirle el ritmo? Es agotador y frustrante. Si estás nervioso, es posible que aceleres el ritmo de forma natural, haciendo que tu audiencia se pierda los puntos clave. Intenta hablar más despacio para que tus palabras tengan el peso adecuado. Una técnica útil es hacer una pausa consciente después de un punto importante o una pregunta retórica, para dar tiempo al público a digerir la información y crear un poco de suspenso antes de continuar.

Luego está el tono, que transmite tu actitud o emoción. El tono debe estar en consonancia con el mensaje. Imagina que estás compartiendo un gran avance en tu campo; un tono monótono podría restarle energía a la sala. Por el contrario, un tono animado y variado puede cautivar a los oyentes y atraerlos hacia la narración. Juega con las inflexiones de tu voz cuando practiques: intenta transmitir emoción, curiosidad, urgencia o calma, según el contenido de tu discurso.

Los ejercicios específicos pueden ser increíblemente beneficiosos para mejorar estos aspectos de la emisión vocal. Empecemos con algunos para mejorar la proyección y la claridad vocales. Un ejercicio sencillo pero eficaz es la técnica de "tararear y hablar". Empieza tarareando una melodía, sintiendo la vibración en el pecho y los labios. Al cabo de unos instantes, abre la boca y empieza a hablar con la misma sensación de resonancia. Esto ayuda a llevar la voz hacia delante, haciéndola más clara y proyectada sin forzar la garganta.

El control de la respiración es fundamental para una buena emisión vocal. Muchas personas no saben cómo respirar, sobre todo cuando están nerviosas, lo que provoca respiraciones superficiales que pueden hacer que su voz suene débil o temblorosa. La técnica de respiración 4-7-8 es un ejercicio muy útil. Inspira durante cuatro segundos, mantén la respiración durante siete segundos y exhala durante ocho segundos. Esto ayuda a calmar tus nervios y a controlar mejor tu respiración, permitiéndote emitir una voz más fuerte y estable.

Incorporar variedad vocal puede transformar un discurso plano y monótono en una presentación atractiva y dinámica. Se trata de variar el tono, el volumen y el ritmo para enfatizar los puntos clave y mantener la atención del público. Cuando practiques tu discurso, subraya las palabras o frases en las que desees aumentar el volumen para enfatizar o ralentizar el ritmo para crear un efecto. Durante los ensayos, exagera estas variaciones: es posible que te parezca exagerado, pero a menudo la audiencia lo entiende perfectamente.

Controlar la ansiedad vocal es crucial, ya que la tensión puede apretar tus cuerdas vocales y afectar tu interpretación. Antes de hablar, ¿puedes hacer un ejercicio rápido para liberar la tensión? Tararea suavemente mientras masajeas los músculos de la garganta y el cuello. Esto ayuda a relajar las cuerdas vocales y reduce los síntomas físicos de la ansiedad, haciendo que tu voz suene más confiada y clara.

Por último, recuerda que mejorar tu emisión vocal requiere práctica y paciencia, como cualquier otra habilidad. Grábate con regularidad, escucha con atención y haz los ajustes necesarios. Con el tiempo, notarás mejoras el sonido y en la seguridad con la que pronuncias tus discursos, sabiendo que tu voz, tu herramienta más poderosa, está siendo utilizada al máximo. Recuerda que tu voz tiene el poder de cautivar al público: aprovéchela, y el impacto que puedes causar será ilimitado.

2
CONSTRUYENDO CONFIANZA A TRAVÉS DE LA PREPARACIÓN

Imagina lo siguiente: estás a punto de dar un discurso que sabes que podría redefinir tu trayectoria profesional. Cuando te subes al podio, sientes una sorprendente oleada de confianza en lugar de los habituales nervios. ¿Por qué? Porque has ido increíblemente preparado, no sólo con lo que vas a decir, sino con un profundo conocimiento de cómo decirlo con eficacia. Este capítulo se trata de convertir esa escena en tu realidad cada vez que hables en público. Empezaremos elaborando tu primer discurso desde cero, enfocándonos en todo, desde la selección de un tema resonante hasta el pulido de una conclusión convincente. Vamos a prepararte no sólo para hablar, sino también para inspirar.

CÓMO PREPARAR TU PRIMER DISCURSO: GUÍA PASO A PASO

Selecciona un tema

Elegir el tema adecuado es el primer paso fundamental en la preparación de un discurso. Es como poner los cimientos de una casa: si son fuertes, todo lo que se construya sobre ellos será más estable. El tema debe entusiasmarte y motivarte, y debe resonar en tu audiencia.

Piensa en la intersección entre tus pasiones y los intereses o necesidades de tu público. ¿Qué te entusiasma que pueda beneficiar o gustar a tu audiencia? Esta alineación es crucial porque demuestra que te interesa profundamente tu tema. Tu pasión se vuelve contagiosa y puede cautivar a tus oyentes.

Desglosemos los criterios para seleccionar un tema. En primer lugar, considera la relevancia. ¿El tema es oportuno? ¿Está relacionado con acontecimientos o tendencias actuales? Esto puede añadir urgencia y modernidad a tu discurso y captar la atención del público. A continuación, considera el valor. ¿Qué ganará tu audiencia al escucharte? Ya sea conocimientos, inspiración o una llamada a la acción, asegúrate de que tu tema ofrezca algo para llevarse a casa. Por último, ten en cuenta tu experiencia. Elige un tema que conozcas bien o sobre el que estés dispuesto a investigar a fondo. Hablar con autoridad genera credibilidad, que es fundamental para ganarte a tu audiencia.

Organiza tus ideas

Una vez elegido el tema, el siguiente paso es organizar las ideas en una estructura clara y lógica. Esto puede resultar desalentador, pero herramientas como los mapas mentales o los esquemas pueden ser increíblemente útiles. Puedes empezar anotando todas tus ideas y luego buscar conexiones entre ellas. Agrupa las ideas relacionadas y organízalas de forma que tengan sentido lógico y lleguen a una conclusión.

Crear un esquema es como dibujar un mapa para tu discurso. Puedes comenzar con los puntos principales que quieres tratar y, debajo de cada punto, enumera los puntos secundarios o la información de apoyo. De este modo no sólo te mantendrás en el buen camino durante tu discurso, sino que te asegurarás de cubrir todos los aspectos necesarios sin salirte por la tangente. Recuerda que un discurso bien organizado es más fácil de seguir y asimilar para el público.

Escribe una apertura atractiva

El comienzo de tu discurso es la primera impresión: puede captar la atención de tu audiencia o perderla por completo. Empieza con fuerza utilizando una pregunta provocativa, una estadística sorprendente o una historia convincente. Este elemento de sorpresa o compromiso puede despertar la curiosidad y atraer a los oyentes. Por ejemplo, si tu discurso trata de la importancia de las energías renovables, empezar con una estadística sorprendente sobre el ritmo de deshielo en el Ártico puede transmitir de inmediato la urgencia del tema.

La clave está en conectar perfectamente este gancho con tu tema principal. La pregunta, la estadística o la anécdota deben conducir de forma natural al cuerpo del discurso, preparando el terreno para los puntos que vas a tratar. Piensa en la apertura como la puerta que invita al público a entrar al resto de tu narrativa.

Desarrolla el cuerpo y la conclusión

El cuerpo de tu discurso es donde profundizas en tus puntos principales. Cada punto debe apoyar tu tesis general y diferenciarse claramente de los demás para evitar confusiones. Utiliza ejemplos, historias y datos para reforzar tus puntos y realiza transiciones fluidas de un punto a otro para que tu discurso fluya con naturalidad.

A medida que te acerques a la conclusión, empieza a unir tus hilos en un final sólido y cohesivo. Tu conclusión debe garantizar que tu mensaje principal deje una impresión duradera. Considera la posibilidad de terminar con una llamada a la acción, una pregunta que invite a la reflexión o una cita impactante. Esta es tu oportunidad de dejar a tu público pensando, sintiendo y, quizá lo más importante, motivado para actuar o seguir reflexionando sobre el tema.

Cada parte del discurso debe estar cuidadosamente elaborada, desde la apertura hasta la conclusión. Esta preparación hará que tu discurso sea más eficaz y aumentará tu confianza como orador. Saber que tienes un discurso sólido, atractivo y bien organizado te libera de la ansiedad de la improvisación. Te permite enfocarte en transmitir tu mensaje con claridad y pasión.

TÉCNICAS DE INVESTIGACIÓN PARA UN DISCURSO EFICAZ

A la hora de elaborar un discurso, la profundidad y fiabilidad de tu contenido pueden influir significativamente en su impacto y credibilidad. Es como construir una casa: por muy bonito que sea el diseño, no se mantendrá firme sin materiales sólidos. Exploremos cómo fortalecer tu discurso con una investigación sólida, garantizando que cada pieza de información añada valor y resuene en tu audiencia.

Identifica las fuentes confiables

Navegar por el vasto mar de información disponible hoy en día puede resultar abrumador. El primer paso en tu investigación debe ser identificar fuentes que no sólo sean relevantes, sino también creíbles. Empieza por las revistas académicas, los medios de comunicación acreditados y los libros publicados por autores reconocidos. Estas fuentes se someten a rigurosos procesos de revisión, lo que las hace confiables. Sin embargo, no dudes en probar plataformas más nuevas, como blogs académicos o *podcasts*, que pueden ofrecerte perspectivas más frescas e información actualizada, especialmente sobre temas de actualidad. Comprueba siempre las credenciales del autor y busca citas de sus trabajos para ver si son confiables. Además, el uso de bibliotecas, tanto en línea como físicas, puede proporcionar acceso a bases de datos como JSTOR o el Directorio de Revistas de acceso abierto, que albergan artículos revisados por pares que cubren una amplia gama de temas.

Uso de datos y estadísticas

Incorporar datos y estadísticas a tu discurso puede reforzar significativamente tus argumentos al aportar pruebas concretas que respalden tus afirmaciones. Sin embargo, es crucial asegurarse de que los datos sean precisos y provengan de una fuente confiable. Cuando selecciones estadísticas, ten en cuenta su origen: los organismos gubernamentales, las instituciones de investigación y las organizaciones importantes suelen ser fuentes confiables. Desconfía de los datos presentados sin una metodología o un contexto transparente, ya que pueden inducir a error. Cita siempre los datos durante tu discurso para aumentar tu credibilidad y permitir que los miembros de la audiencia consulten el material por sí mismos. Además, cuando presentes datos complejos, considera la posibilidad de utilizar ayudas visuales como cuadros o gráficos, que pueden ayudar a que la información sea más digerible y atractiva para tu audiencia.

Incorporación de estudios de caso y ejemplos

Los estudios de casos y los ejemplos de la vida real son infinitamente valiosos para hacer que tu discurso suene más comprensible y familiar, sobre todo cuando se tratan conceptos abstractos o temas complejos. Proporcionan una narración con la que los oyentes pueden conectar emocionalmente, haciendo tangible lo abstracto. A la hora de seleccionar casos prácticos, busca historias que reflejen el contexto cultural y social de tu audiencia o que resuenen con ella, a fin de hacerlas más cercanas. También es importante detallar la fuente de los estudios de caso para aportar autenticidad y credibilidad a tu narrativa. Las historias o anécdotas personales también pueden ser convincentes, sobre todo si están relacionadas con los puntos clave de tu discurso. Asegúrate de que estas historias sean claras y estén directamente relacionadas con los puntos principales que estás tratando para mantener el interés y el enfoque.

Equilibrio entre profundidad y accesibilidad

Uno de los desafíos más importantes a la hora de escribir un discurso es encontrar el equilibrio adecuado entre la profundidad del contenido y su accesibilidad. Quieres mostrar tu experiencia y proporcionar información valiosa sin abrumar a tu público con jerga o explicaciones demasiado complejas. Para lograr este equilibrio, asegúrate de adaptar tu lenguaje a la familiaridad de tu audiencia con el tema. Utiliza analogías y metáforas para explicar ideas más complejas y desglosa los términos técnicos cuando sean esenciales para tu mensaje. Es útil ensayar el discurso con alguien que no esté familiarizado con el tema para medir su comprensión y adaptarlo en consecuencia. Recuerda que el objetivo es que el público se sienta informado, no perdido.

Investigar en profundidad y presentar los resultados de forma clara y convincente puede transformar un discurso ordinario en una presentación destacada. Al anclar tus argumentos en datos verificados, enriquecer tus puntos con estudios de casos relevantes y asegurarte de que tu contenido sea accesible, mantendrás la atención de tu audiencia y reforzarás tu credibilidad como orador experto. Este enfoque enriquece tu discurso y aumenta tu confianza al pronunciarlo, sabiendo que su contenido es sólido y atractivo.

DISEÑO DE RUTINAS PRÁCTICAS QUE FUNCIONEN

Cuando te prepares para hablar ante un público, ya sea de cinco o quinientas personas, la forma de practicar puede marcar la diferencia. No basta con repasar los apuntes unas cuantas veces antes de salir al escenario. Una práctica eficaz consiste en crear una rutina que simule lo más posible las condiciones reales de la oratoria, te ayude a resolver pequeños detalles y refuerce tu confianza. Hablemos de cómo establecer una rutina de práctica que funcione, que te prepare no sólo para pronunciar tu discurso, sino para hacerlo de manera excepcional.

Las sesiones de prácticas regulares y estructuradas son la columna vertebral de una oratoria excelente. Una cosa es leer el discurso en la tranquilidad de tu escritorio en casa y otra es entregarlo con la misma pasión y precisión después de un largo día de trabajo. Por eso es fundamental programar tus sesiones de práctica. Intenta practicar todos los días a la misma hora o, si tu agenda no te lo permite, comprométete al menos a un número determinado de sesiones semanales. Trata estos momentos de práctica como si fuera una cita necesaria.

Durante cada sesión, enfócate en distintos aspectos de tu discurso. Un día, puedes concentrarte en la pronunciación, trabajando en la variedad vocal y el lenguaje corporal. Otro día, puedes repasar todo el discurso, enfocándote únicamente en la sincronización, asegurándote de poder transmitir tu mensaje de forma concisa sin precipitarte ni ir demasiado lento. Este enfoque estructurado te ayudará a cubrir todos los aspectos, mantendrá el dinamismo de las sesiones de práctica y evitará que se tornen tediosas. Recuerda que el objetivo es que estas prácticas sean lo más atractivas y parecidas posible al discurso real.

Simular las condiciones reales del discurso significa algo más que ponerte de pie mientras practicas. Si es posible, ensaya en el lugar donde vayas a hablar. Así podrás familiarizarte con el espacio, resolver posibles problemas de acústica y planificar tu uso del área física, por ejemplo, por dónde podrías caminar durante las diferentes partes de tu discurso. Si no es posible practicar en el lugar, intenta recrear algunos aspectos del mismo. Por ejemplo, practica de pie sobre una plataforma si vas a hablar en un escenario. Si tienes un micrófono, practica también con él. Incluso puedes reunir a una pequeña audiencia de familiares, amigos o compañeros para simular la presencia de oyentes. Sus reacciones pueden proporcionarte información muy valiosa sobre las partes de tu discurso que necesitas reforzar o ampliar.

Además, la incorporación de herramientas de grabación a tu rutina de práctica puede mejorar notablemente tu preparación. Graba tus sesiones de práctica con una cámara de video o incluso con tu teléfono móvil. Ver estas grabaciones te permitirá analizar tu actuación de forma objetiva. Presta atención a tu lenguaje corporal. ¿Te presentas con confianza y tus gestos realzan tus palabras? Escucha tu voz: ¿es clara y fuerte o vacila en determinados momentos? Este tipo de autoevaluación es importante. Te permite detectar matices y pequeños errores que podrían pasar desapercibidos durante la presentación en directo. Con el tiempo, estas grabaciones también pueden ayudarte a hacer un seguimiento de tu progreso, dándote una idea clara del desarrollo de tus habilidades. Asegúrate de conservar estas grabaciones, ya que pueden ser muy alentadoras una vez que hayas mejorado.

A medida que vayas incorporando estas prácticas a tu preparación, recuerda que el objetivo final es conseguir que tu discurso parezca un ensayo más, un discurso para el que estás bien preparado y que te entusiasma pronunciar. Cuanto más simules las condiciones reales de tu discurso, menos intimidante te parecerá cuando llegue el día. Además, al grabar y revisar las sesiones, no sólo practicas, sino que participas activamente en una mejora continua. Cada vez que practiques, descubrirás algo nuevo sobre tu discurso o tu forma de hablar que podrás modificar para que tu actuación sea más fluida e impactante.

AYUDAS VISUALES: CÓMO ENRIQUECER EFICAZMENTE TU MENSAJE

Cuando piensas en pronunciar un discurso, las palabras que eliges desempeñan sin duda un papel fundamental, pero las ayudas visuales que incorporas pueden amplificar significativamente tu mensaje. Imagina que entras en una sala, preparado para hacer una presentación, y en lugar de solo escucharte, el público puede ver también tus puntos clave resaltados en una vibrante pantalla detrás de ti. Este doble compromiso de escuchar y ver puede hacer que tu mensaje sea más emocionante y memorable. Veamos cómo seleccionar y utilizar distintos tipos de ayudas visuales para mejorar la eficacia de tus presentaciones.

Elegir las ayudas visuales adecuadas implica una consideración reflexiva sobre qué complementará mejor tu mensaje y resonará con tu audiencia. Las presentaciones de PowerPoint son las más comúnmente utilizadas porque permiten integrar texto, imágenes e incluso videos, lo que las hace increíblemente versátiles. Sin embargo, un simple folleto puede ser más eficaz para algunos discursos, sobre todo si quieres que el público se lleve consigo un conjunto detallado de datos o instrucciones. Los objetos físicos pueden ser muy eficaces en otros casos, sobre todo si se cuentas una historia o realizas una demostración de un producto. La clave está en adaptar el tipo de ayuda visual al contenido y los objetivos del discurso. Por ejemplo, si tu objetivo es explicar un proceso complejo, un diagrama o un gráfico de flujo pueden ser mucho más eficaces que una descripción textual. Del mismo modo, si quisieras compartir tus experiencias de viaje, las fotografías de alta calidad pueden transportar a tu audiencia a esos lugares junto a ti.

Una vez que hayas seleccionado el tipo de ayuda visual que deseas utilizar, el siguiente paso es asegurarte de que tu diseño sea eficaz. Un buen diseño es esencial para garantizar que tu material visual sea atractivo y fácil de entender. Empieza por el diseño: debe ser limpio y despejado. Cada diapositiva o folleto debe centrarse en una idea principal. Sobrecargar los elementos visuales con demasiada información puede confundir y abrumar al público. A continuación, considera el uso del color. Los colores hacen que los elementos visuales sean más atractivos y sirven para resaltar puntos importantes. Utiliza colores que contrasten entre el texto y el fondo para garantizar la legibilidad. Por ejemplo, un texto oscuro sobre un fondo claro o viceversa puede facilitar la lectura del contenido. En cuanto a los tipos de letra, elige unos que sean sencillos y lo bastante grandes para que puedan leerse desde el fondo de la sala. La coherencia en los tipos de letra y los colores de todos los elementos visuales ayuda a crear una apariencia cohesiva, profesional y agradable a la vista.

Integrar los elementos visuales de forma fluida en tu discurso es una cuestión de oportunidad y relevancia. Las ayudas visuales deben estar en perfecta consonancia con las palabras; deben servir de refuerzo, no de distracción. Introduce una ayuda visual precisamente cuando vaya a tener más impacto. Por ejemplo, si estás hablando de las tendencias anuales de ventas, introduce un gráfico precisamente en el momento en que estés listo para desarrollar los datos que representa. Esta sincronización garantiza que el contexto visual refuerce el mensaje verbal, haciéndolo más transparente e impactante. Practica también la transición entre el discurso y los elementos visuales. Esto puede significar ensayar las señales que te indican que cambies de diapositiva o el momento de revelar un elemento de utilería.

Manejar el equipo con confianza es la última pieza del rompecabezas. Familiarízate con la tecnología y el equipo que vas a utilizar antes de la presentación. Entender cómo funciona todo puede ayudarte a evitar fallos técnicos que podrían interrumpir tu discurso, ya se trate de un proyector, una computadora portátil o un sistema de sonido. Llega temprano para preparar y probar todo el equipo. Asegúrate de que los elementos visuales se proyecten correctamente y de que cualquier elemento de audio o video se reproduzca como es debido. Si es posible, ten preparado un plan de emergencia. Puede ser algo tan sencillo como tener cables de repuesto, una copia de la presentación en una unidad USB o incluso tu computadora portátil cargada por si hay problemas de energía.

Si seleccionas, diseñas e integras cuidadosamente las ayudas visuales y manejas con confianza el equipo de presentación, podrás aumentar la eficacia de tu mensaje y dejar una impresión duradera en tu público. Las ayudas visuales, cuando se utilizan correctamente, no son sólo herramientas para ser vistas; son componentes integrales de tu narración, capaces de transformar tu discurso de un monólogo en un diálogo atractivo y multisensorial.

MANEJAR LOS NERVIOS CON RITUALES PREVIOS AL DISCURSO

Imagina que estás entre bastidores, a punto de salir a escena. Tu corazón se acelera, te sudan las palmas de las manos y una oleada de mariposas revolotea en tu estómago. Es un momento que todos padecemos, pero que también encierra un potencial increíble. La forma en que gestiones estos últimos minutos antes de hablar en público puede influir profundamente en tu rendimiento. No se trata sólo de calmar los nervios, sino de transformar esa energía nerviosa en una fuerza dinámica que impulse tu discurso. Exploremos cómo desarrollar una rutina personalizada antes de hablar en público puede crear un santuario de calma y confianza mientras te preparas para salir al escenario.

Crear una rutina previa al discurso es como elaborar un ritual personal que te ayudará a pasar de la ansiedad al empoderamiento. Esta rutina puede incluir varias actividades en función de lo que te tranquilice y motive. Para algunos, la meditación puede ser la clave. Pasar unos minutos en silencio meditando puede ayudarte a despejar la mente y centrar tus pensamientos. Aplicaciones como "Headspace" o "Calm" ofrecen meditaciones guiadas diseñadas específicamente para reducir el estrés y mejorar la concentración. Para otros, escuchar música puede ser increíblemente estimulante. Ya sean sinfonías clásicas o canciones pop alegres, la música puede afectar significativamente tu estado de ánimo y tus niveles de energía. Elabora una lista de canciones que te inspiren confianza y energía, y escúchala mientras te preparas entre bastidores. Por último, considera ensayar los puntos críticos de tu discurso una vez más. Esto no significa llenar tu cabeza de información, sino repasar con calma los mensajes principales que quieres transmitir, asegurándote de estar bien preparado y listo para captar la atención de tu audiencia.

Las técnicas de relajación física también desempeñan un papel importante a la hora de aliviar los nervios previos al discurso. Los ejercicios de respiración profunda, que se trataron en la sección de control vocal, pueden ser muy útiles porque ayudan a reducir la tensión y favorecen la relajación. Prueba la técnica de respiración 4-7-8: inspira profundamente durante cuatro segundos, contén la respiración durante siete segundos y exhala ampliamente durante ocho segundos. Este método ayuda a regular los latidos del corazón y puede calmar considerablemente los nervios. Otra técnica útil son los estiramientos suaves. Los estiramientos ayudan a aflojar los músculos, que pueden volverse tensos e incómodos debido a la tensión nerviosa. Concéntrate en las zonas que suelen estar tensas, como el cuello, los hombros y la espalda. Realiza estiramientos lentos y suaves, con cuidado de no forzar demasiado los músculos. Esta relajación física también puede ayudarte a liberar mentalmente parte de tu ansiedad, lo que te permitirá subir al escenario sintiéndote más relajado y ágil.

Las estrategias de preparación mental son igualmente importantes en tu rutina previa al discurso. Las técnicas de visualización pueden ser poderosas. Cierra los ojos y visualízate pronunciando tu discurso con seguridad y éxito. Imagina las reacciones positivas del público, los aplausos y la sensación de logro que sientes al concluir. Este ensayo mental prepara tu cerebro para actuar tal y como lo visualizaste, aumentando tu confianza incluso antes de pronunciar una palabra. La autoconversación positiva es otra herramienta esencial. Desafía cualquier pensamiento negativo que surja con afirmaciones positivas. Sustituye pensamientos como "voy a meter la pata" por "estoy preparado y lo haré bien". Pronuncia estas afirmaciones en voz alta para reforzar su efecto y cambiar tu mentalidad de la inseguridad a la determinación.

Una revisión de última hora de tus notas y materiales también puede ayudar a asegurarte de estar completamente preparado, pero es esencial que lo hagas sin aumentar tu ansiedad. Asegúrate de organizar tus notas y cualquier otro material que necesites para tu discurso con suficiente antelación, y haz un último repaso con calma antes de subir al escenario. Este no es el momento de hacer añadidos frenéticos de última hora, sino de asegurarte de que todo esté en orden. Verifica que todos los elementos visuales funcionen, que tus notas estén claramente marcadas para facilitar su consulta y de que todo el equipo necesario esté preparado y funcione correctamente. Este chequeo final debería ser la última marca de una lista de verificación bien preparada, que te dará un último impulso de confianza antes de entrar en escena.

Integrar estos elementos en una rutina personalizada previa al discurso ayuda a transformar la ansiedad previa a la actuación en una anticipación enfocada, dotándote de la calma y la confianza necesarias para pronunciar un discurso convincente y memorable. Ya sea a través de la meditación calmante, la música energizante, los ensayos tranquilizadores o la visualización estratégica, estas técnicas te prepararán no sólo para controlar los nervios, sino para utilizarlos como una fuerza dinámica que mejore tu actuación en público.

RETROALIMENTACIÓN: CÓMO UTILIZARLA CONSTRUCTIVAMENTE

Al navegar las aguas a menudo turbulentas del fortalecimiento de tus habilidades de oratoria, la retroalimentación constructiva es como la brújula que te guía hacia mares más tranquilos. Es esencial, aunque a veces no sea fácil, buscar y procesar activamente las opiniones de tus colegas, mentores o entrenadores. Piensa en ello como una oportunidad única para ver tu desempeño a través de los ojos de otra persona, lo que puede proporcionarte valiosas percepciones ocultas desde tu perspectiva. La clave es abordar este proceso con apertura y un genuino deseo de crecer, en lugar de adoptar una actitud defensiva que pueda obstaculizar tu progreso.

Fomentar la crítica constructiva comienza con la elección de a quién consultar. Asegúrate de recurrir a personas que no solo tengan conocimientos sobre el arte de hablar en público, sino que también se preocupen por tu bienestar. Esto podría ser un colega que frecuentemente realiza presentaciones efectivas, un mentor con experiencia en el tema o incluso un miembro de un club de oratoria al que te hayas unido. Cuando te acerque a ellos, sé específico sobre el tipo de retroalimentación que buscas. En lugar de simplemente preguntar si les gustó tu discurso, incítalos con preguntas como: "¿Qué tan claro te pareció mi argumento principal?" o "¿Crees que mi lenguaje corporal transmite confianza?" Esta especificidad facilita que puedan ofrecerte opiniones valiosas y te ayuda a centrarte en mejorar aspectos concretos de tu forma de hablar.

Interpretar la retroalimentación que recibes es tan importante como recopilarla. Es esencial distinguir entre comentarios que son genuinamente constructivos y aquellos que pueden ser menos útiles. La retroalimentación constructiva suele ser específica, accionable y enfocada en tu desempeño, no en tu personalidad. Por ejemplo, "Podrías intentar hablar un poco más despacio para enfatizar tus puntos principales" es más útil que "Tu discurso fue confuso". Al recibir los comentarios, escucha activamente, tomando notas si es necesario. Pide aclaraciones para asegurarte de comprender completamente las opiniones y resiste la tentación de defender o explicar tus elecciones durante la sesión. Esto puede ser un desafío, especialmente cuando la retroalimentación toca áreas sensibles para ti, pero recuerda que el objetivo aquí es la mejora, no la validación.

Incorporar la retroalimentación en tu rutina de práctica es donde ocurre el verdadero crecimiento. Después de recopilar y procesar la información, ¿puedes identificar algunas áreas claves de mejora e integrarlas en tus próximas sesiones de práctica? Si te han aconsejado trabajar en tu ritmo, podrías practicar un segmento del discurso con un metrónomo para controlar mejor tu velocidad. O, si la retroalimentación señaló el uso excesivo de muletillas, podrías practicar hablando mientras realizas pausas conscientemente en lugar de utilizar "eh" o "como". Estas sesiones de práctica enfocadas te permiten transformar las críticas constructivas que has recibido en mejoras tangibles en tus habilidades de oratoria.

Crear un ciclo continuo de retroalimentación es crucial para la mejora constante. Esto significa no solo buscar retroalimentación para un discurso, sino hacer de ello una parte regular de tu preparación para todas las presentaciones. Después de cada exposición, reflexiona sobre lo que salió bien y lo que no, y luego busca retroalimentación para entender cómo lo percibió tu audiencia. Utiliza esta información para ajustar tus sesiones de práctica en consecuencia. Con el tiempo, este ciclo de preparación, retroalimentación y ajuste te permitirá perfeccionar tus habilidades y convertirte en un comunicador más efectivo. También es útil documentar este proceso en un diario o registro, rastreando tu progreso y las opiniones a lo largo del tiempo, lo cual puede ser increíblemente gratificante y revelador al ver cuánto has avanzado.

En la oratoria, como en muchas áreas de la vida, el crecimiento a menudo proviene de enfrentar lo que tememos—la crítica, en este caso—y aprender de ella. Al buscar, interpretar e incorporar activamente la retroalimentación en tu práctica, no solo mejoras tus habilidades de comunicación, sino que también desarrollas una mayor resistencia y una actitud más resiliente ante los desafíos. Este ciclo de retroalimentación no se trata solo de corregir debilidades; se trata de reconocer y construir sobre tus fortalezas, evolucionando continuamente y adaptando tus habilidades para cumplir con tus objetivos y las necesidades de tu audiencia.

Al concluir este capítulo sobre la construcción de confianza a través de la preparación, recuerda que el camino para convertirte en un orador competente es una combinación de esfuerzo personal y de los conocimientos adquiridos de otros. La retroalimentación es un puente que conecta tu autopercepción con la percepción de los demás, ofreciendo una imagen más completa de tus habilidades y áreas de mejora. Abrázala, aprende de ella y utilízala para guiar tu práctica mientras continúas refinando tu arte.

El próximo capítulo profundizará en técnicas avanzadas para involucrar a tu audiencia, asegurándote de que cada discurso que entregues comunique tu mensaje de manera efectiva y resuene profundamente y de forma memorable con quienes lo escuchen.

3

CÓMO CAPTAR LA ATENCIÓN DE TU AUDIENCIA

Al subir al escenario, captas las miradas ansiosas o quizás indiferentes de tu audiencia. Este momento, cargado de potencial, es tu oportunidad para hablar y conectar de verdad. La forma en que inicies tu presentación puede establecer el tono para todo lo que sigue. Es como la primera escena de una película; necesita captar la atención y preparar el escenario para lo que vendrá. En este capítulo, profundizaremos en el arte de cautivar a tu audiencia desde el principio, asegurando que estén tan entusiasmados con tu mensaje como tú.

TÉCNICAS DE APERTURA PARA ATRAPAR AL PÚBLICO

Cómo crear un gancho convincente

La apertura de tu discurso es crucial. Es tu primera y, a veces, única oportunidad para captar la atención de tu audiencia, estableciendo el tono para el resto de tu presentación. Un buen gancho puede ser muchas cosas: una estadística sorprendente que sacude las creencias del público, una pregunta provocativa que queda en el aire, demandando ser abordada, o una cita poderosa que enmarque tu tema bajo una nueva luz.

Imagina comenzar con: "¿Sabías que cada minuto se suben 500 horas de contenido a YouTube?" Tal estadística no solo sorprende, sino que también atrapa a la audiencia al resaltar la inmensa escala de la creación de contenido en la actualidad, preparando el escenario para una discusión sobre la alfabetización digital. Alternativamente, abrir con una pregunta como: "¿Alguna vez se han preguntado cuánto cuesta realmente fabricar sus teléfonos inteligentes?" involucra de inmediato a la audiencia al incitarlos a pensar sobre un objeto cotidiano de una manera inusual. Este tipo de apertura los prepara para discutir la fabricación ética y la responsabilidad del consumidor.

El poder de un buen gancho radica en su capacidad para despertar la curiosidad de la audiencia y atraerlos hacia el corazón de tu presentación. Transforma a los oyentes pasivos en participantes activos desde el principio. La clave es adaptar este gancho no solo para que resuene con tu tema, sino también para invocar una respuesta que se alinee con el viaje emocional que deseas que tu audiencia emprenda a lo largo de tu presentación.

Adaptar la apertura al público

Es fundamental entender a tu audiencia para crear una apertura que resuene. Esto significa considerar su demografía, intereses y nivel de conocimiento sobre el tema. Por ejemplo, una innovación tecnológica de vanguardia podría intrigar a un público compuesto por profesionales de la industria tecnológica. Al mismo tiempo, un grupo comunitario podría sentirse más comprometido con una historia de éxito local o un tema relevante que afecte a su vecindario.

Adaptar tus comentarios de apertura para ajustarlos a la audiencia no solo implica cambiar el contenido, sino también ajustar la complejidad del lenguaje y la profundidad de la información. Por ejemplo, la jerga y los conceptos complejos pueden ser bienvenidos y entendidos si estás hablando con expertos en un campo. Sin embargo, el mismo lenguaje podría alienar a una audiencia general, donde la simplicidad y la claridad son preferibles. Esta alineación entre tu mensaje y las expectativas y comprensión de la audiencia mejora el compromiso y genera credibilidad y confianza desde el principio.

Utilizar elementos visuales como gancho inicial

Los elementos visuales pueden ser un gancho convincente. Una imagen impactante o un gráfico intrigante pueden captar la atención de inmediato, más que las palabras por sí solas. Considera comenzar una presentación sobre el cambio climático con un video acelerado de un glaciar derritiéndose. Tal visual no solo atrae la atención de la audiencia, sino que también enfatiza visualmente la gravedad del problema, estableciendo un tono serio para la discusión que seguirá.

Al seleccionar elementos visuales, considera su impacto emocional y su relevancia para tu tema. La clave es integrar estos elementos de manera natural en tu apertura. Deben complementar tus palabras, creando una fusión fluida entre lo que la audiencia ve y lo que escucha. Esta integración ayuda a mantener la atención que has captado con tu gancho visual inicial a lo largo de toda tu presentación.

Transicionar con fluidez al contenido principal

Una vez que hayas captado la atención de tu audiencia, el desafío es mantener su interés mientras transitas hacia el foco principal de tu presentación. Esta transición debe sentirse como una progresión natural, no como un salto brusco. Una técnica efectiva es plantear una pregunta en tu gancho y luego continuar tu discurso prometiendo responder esa pregunta. Por ejemplo, si tu gancho involucra una estadística sorprendente sobre las violaciones de la privacidad en internet, puedes hacer la transición diciendo: "Hoy, exploraremos cómo ocurren estas violaciones, qué se puede hacer para prevenirlas y cómo pueden protegerse de ellas". Esto promete información valiosa y establece una estructura para tu presentación que la audiencia puede seguir fácilmente.

Otra técnica efectiva es narrar una historia. Si comienzas con una anécdota personal o una historia convincente, continúa entrelazando esa narrativa a lo largo de tu presentación, volviendo a ella en momentos críticos. Esto ayuda a mantener a la audiencia comprometida y añade un toque personal, haciendo tu presentación más dinámica y memorable.

Mantener el impulso de tu apertura a través de una transición fluida es crucial. Esto asegura que el interés inicial que has captado no solo se mantenga, sino que crezca a medida que profundizas en tu tema. Cada elemento, desde tu gancho hasta los elementos visuales y la transición, trabaja en sinergia para mantener a tu audiencia comprometida de principio a fin, haciendo que tu presentación no solo sea escuchada, sino realmente comprendida y recordada.

EL PODER DE LA NARRATIVA EN LOS DISCURSOS

¿Qué nos impulsa a escuchar, reflexionar y conectar cuando nos reunimos alrededor de una fogata? El poder de contar historias es un arte ancestral que sigue siendo igual de potente en el mundo digital actual, especialmente en la oratoria. Los elementos centrales de una buena historia (personaje, conflicto y resolución) no son solo componentes de una narrativa ficticia, sino que son igualmente poderosos en la elaboración de discursos. Exploremos cómo estos elementos pueden entrelazarse en tus discursos para cautivar y resonar con tu audiencia.

Un personaje en tu historia crea un puente entre tú y tu audiencia, proporcionando un toque humano que puede hacer que datos complejos o conceptos abstractos se sientan más accesibles. Este personaje podrías ser tú, alguien que conoces o una figura hipotética creada para ilustrar tu punto. La clave es presentar a este personaje de una manera que tu audiencia pueda ver un poco de sí misma en él o al menos comprender sus motivaciones y desafíos. El conflicto, el siguiente elemento crucial, introduce tensión e interés. Puede ser un desafío que enfrenta el personaje, un dilema interno o una fuerza externa que interrumpe el statu quo. Este conflicto es lo que mantiene a tu audiencia comprometida y ansiosa por aprender cómo el personaje transita por estas dificultades. La resolución, entonces, ofrece una conclusión satisfactoria a la historia, proporcionando a tu audiencia un sentido de cierre y, a menudo, un mensaje clave que se alinea con el mensaje central de tu discurso.

Imagina que estás hablando sobre la importancia de la resiliencia en el crecimiento personal. Podrías comenzar con una historia sobre alguien que enfrentó fracasos repetidos, este es tu personaje. El conflicto podría ser su último y más devastador contratiempo, quizás la pérdida de un trabajo que amaba, cómo responde y las estrategias que emplea para recuperarse y avanzar hacia la resolución. Esta narrativa no solo hace que tu mensaje sea más digerible al humanizarlo, sino también más impactante, ya que despierta emociones y siembra las semillas de tu mensaje en un terreno emocional fértil.

Crear una conexión emocional a través de la narración de historias es una de las maneras más efectivas de asegurar que tu mensaje perdure. Cuando compartes historias personales o narrativas con las que las personas se puedan sentir identificadas, no solo estás hablando a tu audiencia, sino conectando con ellos a un nivel más profundo. Esta conexión emocional puede hacer que tu mensaje sea más memorable. Por ejemplo, compartir tu propia experiencia de superar el miedo puede resonar más profundamente que simplemente enumerar estrategias para lidiar con la ansiedad. Tu vulnerabilidad y autenticidad al compartir tus desafíos y triunfos forjan una conexión más profunda con tu audiencia, haciendo que tu consejo sea más creíble e inspirador.

Estructurar estas historias dentro de tu discurso requiere una cuidadosa consideración. La clave es integrarlas de manera fluida en la narrativa más amplia de tu presentación. Comienza presentando la historia al principio de tu discurso para captar interés y establecer el tono emocional. A medida que avanzas, vuelve a esta historia en puntos estratégicos, utilizándola para enfatizar tus puntos principales y reforzar el viaje emocional. Asegúrate de que cada mención de la historia esté vinculada a tu mensaje principal, creando una narrativa cohesiva que enriquezca tanto la historia como el contenido factual de tu discurso. Este método mantiene el compromiso y refuerza la retención del material por parte de la audiencia.

Por último, la narración ética es fundamental. Es esencial asegurarte de que las historias que cuentas sean precisas o, si son hipotéticas, que se indiquen claramente como tales. Manipular hechos o exagerar verdades puede erosionar rápidamente la confianza del público y dañar tu credibilidad. Además, considera la adecuación de tu historia para tu audiencia y el contexto. Lo que funciona en un taller informal puede no ser adecuado para una conferencia formal. Siempre respeta la privacidad y la dignidad de los demás al compartir historias, especialmente aquellas que involucren a personas reales y temas sensibles. Con este enfoque ético respetas a tu audiencia y sostienes tu integridad como orador.

Al dominar el arte de contar historias, transformas tus discursos de meras presentaciones a narrativas poderosas que comprometen, conectan e inspiran. Ya sea que busques educar, entretener o persuadir, recuerda que una historia bien contada puede ser tu herramienta más potente, convirtiendo oyentes pasivos en participantes activos, más propensos a absorber y actuar de acuerdo a tu mensaje.

EL USO DE PREGUNTAS PARA FOMENTAR LA INTERACCIÓN DEL PÚBLICO

Una de las formas más dinámicas de involucrar a tu audiencia y convertir tu discurso en una conversación bidireccional en lugar de un monólogo, es a través de preguntas estratégicas. Las preguntas pueden servir como herramientas poderosas para atraer a los oyentes, alentarlos a pensar críticamente e incluso evaluar su comprensión sobre el tema en cuestión. Cuando se utilizan de manera efectiva, las preguntas pueden transformar a los oyentes pasivos en participantes activos, haciendo que tu presentación sea más interactiva y memorable.

Comencemos explorando los diferentes tipos de preguntas que puedes usar para involucrar a tu audiencia. Las preguntas abiertas fomentan respuestas detalladas, estimulando un pensamiento y discusión más profundos. Por ejemplo, preguntar: "¿Cuáles creen que son los principales impactos de las redes sociales en la comunicación?" permite a la audiencia reflexionar sobre sus experiencias y opiniones. En contraste, las preguntas retóricas no están destinadas a ser respondidas en voz alta; en su lugar, provocan reflexión o enfatizan un punto, como preguntar: "¿No es asombroso lo rápido que cambia la tecnología en nuestras vidas?" Por último, las preguntas directas requieren una respuesta específica, a menudo factual o de sí/no, como

"¿Utilizan redes sociales a diario?" Cada tipo de pregunta cumple una función diferente, y elegir la correcta depende de lo que pretendas lograr en ese momento de tu discurso.

Incorporar estas preguntas de manera efectiva en tu discurso es esencial para mantener el flujo, en lugar de interrumpirlo. El momento es crítico. Introduce preguntas en pausas naturales o transiciones dentro de tu presentación para mantener el impulso. La forma en que las planteas también es importante; determina qué tan bien comprende tu audiencia y se involucra con la pregunta. Asegúrate de que tus preguntas sean claras, concisas y estén directamente relacionadas con el contenido discutido. Por ejemplo, después de explicar un concepto, podrías preguntar: "¿Cómo se relaciona esto con sus experiencias?" Esto ayuda a reforzar el material e invita a la reflexión personal, haciendo que la interacción sea más significativa.

Quisiera señalar que también puede representar un desafío para la audiencia responder a tus preguntas. A veces, las audiencias pueden dudar en participar debido a la timidez o la incertidumbre sobre sus respuestas. Para superar esto, crea un ambiente acogedor desde el principio. Usa un lenguaje corporal abierto, sonríe y establece contacto visual. Cuando plantees una pregunta, ofrece a las personas tiempo para pensar haciendo una pausa durante unos segundos. Este silencio puede ser poderoso, brindando a la audiencia un momento para reunir sus pensamientos y encontrar el valor para expresarse. También puedes reconocer cada respuesta con un asentimiento o un simple "Gracias", lo cual muestra aprecio y puede incentivar una mayor participación. Si no hay respuestas, puedes dar una respuesta tú diciendo: "Muchos me dicen que es..." como una respuesta típica. Luego, pregunta: "¿Cuántos de ustedes se han sentido así?" y reconoce las respuestas, incluso hablando con algunas de las personas que asintieron. Esto ayuda a romper el hielo con una audiencia reticente.

Manejar las respuestas que recibes es tan importante como hacer las preguntas. Prepárate para una variedad de respuestas, algunas de las cuales podrían diferir bastante de lo que esperabas. Escucha activamente y con respeto, incluso si la respuesta se desvía del tema. Si esto ocurre, redirige suavemente la conversación de regreso al tema sin desestimar la contribución del miembro de la audiencia. Por ejemplo, si una respuesta no es relevante, podrías decir: "Ese es un punto interesante, pero consideremos cómo se relaciona con nuestra discusión principal." Esto mantiene la sesión controlada pero respetuosa, asegurando una experiencia positiva para todos los involucrados.

Las preguntas mejoran el compromiso de la audiencia y enriquecen la experiencia de aprendizaje, haciendo que tu presentación sea más interactiva y receptiva a las necesidades e ideas del público. También pueden ayudar a disminuir tu ansiedad y hacer que tu presentación se sienta más como un diálogo dentro del grupo. Al dominar el arte de formular preguntas, transformas tu discurso en un diálogo dinámico que resuena más profundamente con tus oyentes, haciendo que tu mensaje sea escuchado, discutido activamente y recordado mucho después de haber dejado el escenario.

EL ROL DEL HUMOR: CUÁNDO Y CÓMO UTILIZARLO

Inyectar humor en tus discursos puede convertir una buena presentación en una excelente, creando momentos memorables que resuenen con tu audiencia. Sin embargo, es fundamental utilizar el humor con sensibilidad y en el momento adecuado para realzar tu mensaje en lugar de restarle valor. Comprender cuándo es apropiado hacer uso del humor requiere una atención cuidadosa al contexto de tu discurso, a la composición de tu audiencia y a la naturaleza de tu tema. Por ejemplo, una anécdota ligera puede ser ideal para un seminario de construcción de equipos, pero podría ser inapropiada en un contexto más serio, como una reunión sobre pronósticos financieros.

El uso del humor debe estar siempre alineado con el tono y el propósito general de tu presentación. Es esencial considerar los antecedentes culturales, sociales y profesionales de tu audiencia. El humor que funciona bien con un equipo joven de una empresa emergente puede no resonar de la misma manera con un grupo de profesionales experimentados. Esta sensibilidad al contexto de la audiencia es crucial para evitar ofender a los oyentes y asegurar que tu humor fortalezca la conexión, en lugar de crear desconexiones. Antes de decidir utilizar el humor, pregúntate si servirá para iluminar un punto, aliviar la tensión o aumentar el compromiso, sin eclipsar el mensaje central de tu charla.

La integración del humor en tus discursos de manera efectiva se puede lograr de diversas formas. El humor anecdótico, que consiste en compartir historias personales u observaciones universales, puede ser especialmente eficaz. Estas historias no solo entretienen, sino que también te permiten ser más accesible y ayudan al público a sentirse más identificado contigo como orador. El humor de observación, que se basa en situaciones cotidianas o experiencias compartidas, puede ser otra forma excelente de involucrar a tu audiencia. Refleja un agudo sentido del detalle y puede aportar una nueva perspectiva a escenarios familiares, haciendo que tu contenido sea más vívido y disfrutable. El humor autocrítico, en el que te ríes de ti mismo, puede ayudar a humanizarte y hacerte más entrañable ante tu audiencia. Sin embargo, es esencial encontrar el equilibrio adecuado para mantener tu autoridad y experiencia.

El momento y la forma de entrega son cruciales cuando se trata de humor. Los mejores momentos cómicos a menudo surgen de un lugar natural y espontáneo. Practica el momento en el que introducirás tus chistes o anécdotas humorísticas para maximizar su impacto sin forzarlos en la narrativa. Por ejemplo, hacer una pausa después de contar un chiste puede dar tiempo a la audiencia para reaccionar y disfrutar del humor antes de continuar. Además, la forma en que cuentas tu chiste—tu tono, expresiones faciales y lenguaje corporal—puede afectar significativamente cómo se percibe el humor. Una sonrisa bien colocada o un gesto adecuado pueden realzar el efecto humorístico y asegurar que sea bien recibido por tu audiencia.

A pesar de sus beneficios, el humor presenta riesgos que requieren transitarlo con cuidado. Uno de los principales riesgos es ofender a tu audiencia. Lo que resulta gracioso para algunos puede ser ofensivo para otros, especialmente en nuestro mundo globalizado, donde las sensibilidades culturales son muy diversas. Es crucial evitar chistes que apunten a grupos específicos o temas sensibles, a menos que estés seguro de tu terreno o hayas considerado las posibles repercusiones. Otro error común es permitir que el humor eclipse tu mensaje. Si se utiliza en exceso, el humor puede diluir la seriedad de tu tema o distraer de los puntos clave. El objetivo es utilizar el humor para subrayar e iluminar tu mensaje, no para eclipsarlo.

Si lo haces de manera reflexiva y con un buen timing, incorporar humor en tus presentaciones puede mejorar significativamente tu conexión con la audiencia, haciendo que tu discurso no solo sea informativo, sino también agradable. Invita a tus oyentes a un espacio compartido de relacionabilidad y disfrute, rompiendo barreras y fomentando una experiencia de comunicación memorable. Al integrar el humor en tus charlas, siempre busca un equilibrio que respete a tu audiencia y se alinee con tu mensaje, asegurando que cada risa o sonrisa que evocas realmente enriquezca el viaje que estás compartiendo con tu audiencia.

LEER LAS SEÑALES DE TU AUDIENCIA Y REACCIONAR ANTE ELLAS

Comprender y reaccionar a las señales no verbales de tu audiencia puede elevar significativamente tu efectividad como orador. Es como mantener una conversación silenciosa en medio de tu discurso, donde el lenguaje corporal, las expresiones faciales y los niveles de compromiso del público comunican mucho sobre cómo se recibe tu mensaje. Ser hábil en la lectura de estas señales te permite adaptar tu entrega en tiempo real, asegurando que tu mensaje tenga impacto y resuene.

Vamos a explorar cómo identificar estas señales no verbales. El lenguaje corporal es un indicador poderoso del compromiso de la audiencia. ¿Tus oyentes están inclinándose hacia adelante con interés, o tienen los brazos cruzados, señalando resistencia o desconexión? Las expresiones faciales también proporcionan una gran cantidad de información. Las sonrisas y los asentimientos indican acuerdo e interés, mientras que las cejas fruncidas pueden sugerir confusión o desacuerdo. Los niveles de compromiso también se pueden evaluar observando el comportamiento del público. Tomar notas activamente o mantener una quietud atenta puede indicar que los oyentes están involucrados, mientras que revisar frecuentemente teléfonos o relojes puede señalar aburrimiento o impaciencia. Al prestar atención a estas señales sutiles, puedes evaluar el estado de ánimo y el compromiso de tu audiencia, ajustando tu ritmo, tono y, quizás, incluso el contenido para alinearte mejor con su estado.

Adaptar tu discurso en función de estas señales es fundamental para mantener una conexión con tu audiencia. Por ejemplo, si notas signos de confusión o falta de comprensión, puede ser beneficioso ralentizar tu entrega, simplificar tu lenguaje o proporcionar explicaciones adicionales. Por el contrario, si observas signos de inquietud o desinterés, introducir un nuevo elemento dinámico en tu discurso, como una estadística sorprendente, una breve historia o un cambio de tema, puede recuperar la atención. Ajustar tu enfoque basado en la retroalimentación en tiempo real te permite ser más receptivo y empático como orador, cualidades que pueden mejorar significativamente el impacto de tu mensaje.

Involucrar a los miembros de la audiencia que parecen desconectados es otro desafío que puede abordarse de manera creativa. Si notas que algunos oyentes están perdiendo el interés, dirige una pregunta al público o invita a alguien a compartir su opinión. Este compromiso directo puede reavivar el interés y devolver el foco a tu presentación. A veces, simplemente cambiar tu posición en el escenario o alterar el ritmo de tu discurso también puede recuperar la atención dispersa. La clave es ser observador y receptivo, asegurando que todos los participantes se sientan incluidos y comprometidos a lo largo de tu presentación.

Utilizar las señales de la audiencia para evaluar la efectividad de tu entrega es un proceso continuo que va más allá del discurso en sí. Después de la presentación, reflexiona sobre las reacciones de la audiencia en función de tus observaciones. ¿Qué partes de tu discurso generaron el mayor compromiso positivo? ¿Hubo segmentos donde la energía disminuyó? Esta reflexión puede ofrecer valiosos conocimientos sobre las fortalezas y debilidades de tu entrega, ayudándote a perfeccionar tus habilidades para futuras presentaciones. Además, considera solicitar una devolución de tu desempeño directa a través de encuestas de seguimiento o conversaciones informales. Esta información directa puede complementar tus observaciones, brindándote una perspectiva más completa sobre tu efectividad como orador.

Incorporar la capacidad de leer y reaccionar eficazmente a las señales de la audiencia transforma a los buenos oradores en excelentes. Significa estar constantemente sintonizado con la retroalimentación silenciosa que tus oyentes ofrecen y utilizar esa información para hacer ajustes en tiempo real. Este enfoque dinámico no solo mejora el compromiso del público, sino que también eleva el impacto general de tu mensaje, haciendo que tus presentaciones no solo sean escuchadas, sino verdaderamente sentidas y recordadas. A medida que continúes desarrollando esta habilidad, encontrarás que tu capacidad para conectar y cautivar a tu audiencia crecerá, convirtiendo cada oportunidad de hablar en una ocasión no solo para compartir tu mensaje, sino para involucrar e inspirar verdaderamente a quienes te escuchen.

MANTENER EL INTERÉS CON HERRAMIENTAS MULTIMEDIA

En el vibrante mundo de la oratoria, el uso efectivo de herramientas multimedia puede mejorar drásticamente el compromiso y la retención de tu mensaje. Piensa en estas herramientas como especias en un plato; pueden transformar una buena presentación en una experiencia inolvidable. Sin embargo, la clave está en seleccionar los medios adecuados e integrarlos de manera fluida en tu discurso, asegurando que complementen tu mensaje en lugar de abrumarlo.

Al seleccionar herramientas multimedia, considera la naturaleza de tu contenido y la composición de tu audiencia. Los videos pueden ser poderosos para ilustrar puntos que requieren evidencia visual o para contar historias que evoquen emociones. Las animaciones son útiles para explicar procesos o conceptos complejos de manera simplificada y atractiva. Las encuestas o sondeos interactivos pueden romper la monotonía de una presentación e involucrar activamente a la audiencia, haciendo que la experiencia sea más participativa y dinámica. La elección de la herramienta debe respaldar y realzar los puntos críticos de tu presentación, en lugar de ser un mero adorno.

Por ejemplo, si estás hablando sobre el impacto de la deforestación, un video corto que muestre el estado antes y después de un área deforestada puede ser más impactante que cualquier descripción verbal. Esta representación visual no solo capta la atención, sino que también despierta emociones, haciendo que el problema sea más tangible y urgente para tu audiencia. De manera similar, una animación que descomponga los pasos de un proceso científico complejo, puede facilitar la comprensión y la retención. El truco está en asegurar que estas herramientas estén integradas sin problemas en el entramado de tu presentación. Introduce los recursos multimedia en puntos estratégicos donde encajen naturalmente en el flujo de tu narrativa. Prepara brevemente a la audiencia antes de mostrar un video o comenzar una animación para garantizar que comprendan su relevancia respecto al tema.

Asegurar que tu contenido multimedia sea accesible para todos los miembros de la audiencia no es solo una cortesía, sino una necesidad. Las consideraciones de accesibilidad incluyen proporcionar subtítulos o leyendas para videos para quienes son sordos o tienen dificultades auditivas, garantizar que los contrastes de color en las imágenes sean suficientes para su visibilidad a personas con deficiencias de visión del color, y ofrecer texto descriptivo de las imágenes y animaciones para quienes son visualmente discapacitados. Estos ajustes aseguran que cada miembro de la audiencia esté incluido en la experiencia de aprendizaje, promoviendo la inclusión y el respeto por la diversidad.

Además, el impacto de la multimedia no se limita a su factor sorpresa inicial, sino que también radica en cómo mejora significativamente la comprensión y el compromiso. Es fundamental evaluar periódicamente la efectividad de tus herramientas multimedia. Recopila comentarios de tu audiencia sobre si estas herramientas ayudaron a clarificar el contenido o hicieron la presentación más atractiva. Esta información puede ser invaluable para perfeccionar continuamente tu enfoque. Los ajustes pueden incluir cambiar el tipo de medio utilizado, modificar cuándo y con qué frecuencia se incorpora la multimedia, o incluso ajustar aspectos técnicos como niveles de audio o calidad de imagen.

Incorporar multimedia en tus discursos de manera reflexiva y ética mejora el compromiso asegurando que tu mensaje sea escuchado, visto y sentido. Este enfoque no solo mantiene tus presentaciones frescas y emocionantes, sino que también se adapta a diversos estilos de aprendizaje, haciendo que tu mensaje sea más accesible e impactante.

Al concluir esta exploración de las herramientas multimedia, recuerda que el objetivo final es fortalecer tu conexión con la audiencia. Estas herramientas no se tratan solo de exhibir tecnología, sino de profundizar la comprensión, enriquecer las experiencias y hacer que tu mensaje resuene en múltiples niveles. A medida que continúes integrando y perfeccionando el uso de multimedia en tus presentaciones, encontrarás que estas tecnologías son aliados poderosos en tu camino hacia convertirte en un orador más efectivo y memorable.

Los conocimientos y estrategias discutidos aquí sientan las bases para el próximo capítulo, donde profundizaremos en aspectos más matizados de la entrega de discursos. Esto incluirá dominar el arte del ritmo, usar tu voz de manera efectiva y manejar diferentes escenarios de exposición con destreza. Cada paso se construye sobre el anterior, proporcionándote un conjunto integral de herramientas para transformar tus habilidades de oratoria y asegurar que cada discurso que ofrezcas sea tato atractivo como iluminador.

4
REDACCIÓN AVANZADA DE DISCURSOS

Imagina que estás preparando una comida para alguien con un paladar exigente. Cada ingrediente debe ser seleccionado cuidadosamente y combinado de manera reflexiva para crear una obra maestra culinaria. Elaborar tu discurso es similar, especialmente en lo que respecta a la estructura de argumentos que resuenen y persuadan. Este capítulo se adentra en las complejidades de construir argumentos convincentes que informen, convenzan y cautiven a tu audiencia. Exploremos cómo los marcos de los modelos Clásico, Rogeriano y de Toulmin pueden servirte como guía, garantizando que tu discurso sea tan impactante y persuasivo como informativo.

ESTRUCTURACIÓN DE ARGUMENTOS PARA LOGRAR EL MÁXIMO IMPACTO

Comprender los marcos argumentativos

Navegar a través de diferentes marcos argumentativos puede aumentar significativamente la efectividad de tu discurso. El modelo Clásico, arraigado en la retórica antigua, se centra en una introducción clara, seguida de una exposición de tu caso, una refutación de la oposición y una conclusión convincente. Este modelo es particularmente efectivo cuando necesitas un enfoque directo y persuasivo que se alinee bien con audiencias que esperan una estructura tradicional.

Por otro lado, el modelo Rogeriano contrasta notablemente con los estilos de argumentación combativa. Se basa en encontrar un terreno común y establecer un respeto mutuo. Comienza presentando un problema desde un punto de vista neutral, reconociendo la validez de las opiniones opuestas y luego introduciendo tu perspectiva como una solución complementaria en lugar de contradictoria. Este marco es invaluable al abordar temas controvertidos o cuando tu audiencia tiene opiniones sólidas preexistentes.

El modelo de Toulmin ofrece un método meticuloso para centrarse en las relaciones lógicas entre tu afirmación, la evidencia de apoyo y el respaldo que vincula la evidencia con la afirmación. Este modelo te anima a reflexionar profundamente sobre las suposiciones subyacentes de tu argumento, lo cual puede ser crucial en debates o en temas que requieren un examen riguroso.

Construir un flujo lógico

El flujo de tu argumento puede ser la diferencia entre confundir a tu audiencia y guiarlos a través de una narrativa clara y atractiva. Puedes comenzar con una introducción sólida y accesible que esboce el argumento principal y capte la atención del público. Cada sección de tu discurso debe fluir lógicamente hacia la siguiente, con transiciones claras que resalten la relación entre las ideas. Piensa en ello como guiar a tu audiencia por un sendero; cada giro debe estar marcado de manera clara, y cada paso debe construir sobre el anterior, culminando en una conclusión robusta y memorable que reitere tus puntos principales y deje a tu audiencia con un mensaje poderoso para llevarse.

Apoyar los argumentos con pruebas

La solidez de tu argumento depende en gran medida de la solidez de tus pruebas. Puedes utilizar estadísticas, citas de expertos y estudios de caso relevantes para respaldar tus afirmaciones. Por ejemplo, si argumentas a favor de una mayor inversión en energías renovables, citar estadísticas sobre la disminución de costos y el aumento en la implementación de paneles solares puede ser convincente. De igual manera, citar a expertos de instituciones reconocidas puede aumentar tu credibilidad. Al seleccionar evidencia, asegúrate de que sea actual y provenga de fuentes confiables, ya que esto refuerza la confiabilidad de tu argumento y ayuda a generar confianza en tu audiencia.

Anticipar y abordar los contrargumentos

Una de las características de un orador hábil es la capacidad de anticipar y abordar los contraargumentos dentro de su discurso. Esto demuestra un profundo entendimiento del tema y te prepara para defender tu posición de manera efectiva. Puedes comenzar investigando las objeciones comunes a tus argumentos e integrar respuestas a estas objeciones a lo largo de tu presentación. Por ejemplo, si abogas por políticas de trabajo remoto, prepárate para abordar las preocupaciones comunes sobre la productividad y la cohesión del equipo. Reconocer estas inquietudes y presentar datos o soluciones que las mitiguen fortalecería la persuasividad de tu argumento y mostraría una consideración reflexiva de diferentes perspectivas.

Incorporar estas técnicas avanzadas no solo enriquece el contenido de tu discurso, sino que también agudiza tus habilidades como comunicador, permitiéndote presentar argumentos que no solo sean escuchados, sino que también sentidos y recordados. Ya sea que estés persuadiendo, informando o inspirando, la estructura de tu argumento juega un papel crítico en cómo se recibe tu mensaje. Al elegir cuidadosamente tu marco, garantizar un flujo lógico, respaldar tus argumentos con pruebas sólidas y abordar hábilmente los contraargumentos, preparas el escenario para una presentación poderosa e impactante.

TÉCNICAS AVANZADAS PARA HABLAR DE FORMA PERSUASIVA

Cuando te presentas ante una audiencia, listo para grabar tu mensaje en sus mentes, ¿Cómo te aseguras que este perdure? ¿Cómo podrías lograr influir en ellos, no solo de manera lógica, sino también emocional? El arte de la comunicación persuasiva radica en un delicado equilibrio entre apelar tanto al corazón como a la razón, garantizando que tu mensaje resuene profundamente y perdure mucho después de haber dejado el escenario. Exploremos cómo dominar este equilibrio, integrando el atractivo emocional sin comprometer la solidez de tus argumentos lógicos y utilizando un lenguaje y técnicas estratégicas que persuadan de manera sutil pero poderosa.

El poder recurrir a las emociones

Incorporar el componente emocional en tus discursos consiste en conectar con tu audiencia a un nivel humano. Se trata de provocar emociones que puedan transformar el interés pasivo en un compromiso activo. Sin embargo, la clave para un atractivo emocional efectivo es complementar, en lugar de abrumar, la estructura lógica de tu argumento, asegurando que tu mensaje se mantenga creíble y sólido. Por ejemplo, si estás hablando sobre el impacto del cambio climático, compartir una historia personal sobre una comunidad gravemente afectada por fenómenos climáticos extremos puede hacer que el tema sea percibido como más cercano y urgente. Esta conexión emocional motiva a la audiencia a preocuparse, pero tus datos lógicos y argumentos estructurados sobre las tendencias climáticas y las soluciones los convencen de actuar.

Las consideraciones éticas son fundamentales al utilizar el atractivo emocional. Manipular emociones puede ser poderoso, por lo que es vital usar este poder de manera responsable. Asegúrate de que los sentimientos que evocas sean genuinos y que los escenarios o anécdotas que utilices sean verídicos y relevantes. El uso indebido del atractivo emocional puede llevar a la desconfianza y dañar tu credibilidad como orador. Por lo tanto, es esencial mantener un equilibrio en el que el atractivo emocional realce, en lugar de eclipsar, los argumentos lógicos.

Uso de lenguaje persuasivo

Las palabras que elijas pueden influir sutilmente en la percepción y respuesta de tu audiencia. Un lenguaje persuasivo implica seleccionar términos que tengan peso y evocar respuestas que favorezcan tus objetivos. Palabras impactantes como "imagina", "descubre", "revolucionario" y "secretos" pueden desencadenar respuestas emocionales y despertar interés. Por ejemplo, comenzar una frase con "Imaginen un mundo donde..." puede atraer a los oyentes a un estado visionario, haciéndolos más receptivos al mensaje que sigue.

Frases que sugieren exclusividad o urgencia, como "oferta limitada" o "una vez en la vida", también pueden ser extremadamente persuasivas, especialmente cuando buscas incitar una acción inmediata. Sin embargo, el contexto en el que se utilizan estas frases debe alinearse siempre con la verdad de la situación para evitar engañar a tu audiencia. El uso estratégico de un lenguaje persuasivo debe ser sutil, mejorando la conexión de la audiencia con el mensaje sin hacer que se sientan presionados.

Principios de influencia

Comprender e incorporar los Principios de Influencia de Cialdini puede mejorar drásticamente la persuasividad de tus discursos. Estos principios incluyen la reciprocidad, la escasez, la autoridad, la consistencia, la simpatía y el consenso. Por ejemplo, puedes fortalecer el atractivo de tu argumento al demostrar que un experto respetado apoya tu posición (autoridad) o que muchas otras personas ya han respaldado tu causa (consenso).

Implementar el principio de reciprocidad puede ser tan simple como proporcionar a tu audiencia información o ideas valiosas, obligándolos a prestarte atención y consideración a cambio. La escasez, al resaltar la singularidad o la disponibilidad limitada de lo que estás proponiendo, también puede crear un sentido de urgencia que fomente respuestas positivas. Se trata de estructurar tu discurso de manera que estos principios mejoren naturalmente el atractivo de tu mensaje sin parecer manipulativos.

Pausas y énfasis estratégicos

La forma en que entregas tu discurso puede ser tan importante como lo que dices. Las pausas estratégicas te permiten enfatizar puntos clave, dando a la audiencia tiempo para asimilar información importante. Una pausa bien cronometrada antes de una declaración significativa puede aumentar su impacto. Del mismo modo, enfatizar ciertas palabras o frases ayuda a guiar las emociones y reacciones del público, subrayando las partes más cruciales de tu mensaje.

Por ejemplo, en un discurso sobre innovación, hacer una pausa justo después de decir "Esta próxima idea" crea una expectativa que hace que la audiencia se incline hacia adelante, anticipando con interés lo que vendrá. Enfatizar palabras como "revolucionario" o "pionero" genera aún más interés y entusiasmo. Cuando se utilizan de manera reflexiva, estas técnicas pueden aumentar significativamente el poder persuasivo de tu discurso, haciendo que tus puntos principales resuenen más profundamente con tu audiencia.

Al incorporar estas técnicas avanzadas en tu repertorio, te equipas con un poderoso conjunto de herramientas para cautivar y persuadir a tu público. Ya sea a través de la resonancia emocional, un lenguaje convincente, el arte sutil de la influencia, o el uso estratégico de pausas y énfasis, cada elemento es fundamental para transformar tus discursos de simples presentaciones a disertaciones persuasivas que inspiren acción y cambio. A medida que refines estas habilidades, recuerda que el núcleo de un discurso convincente radica en conectar de manera auténtica y significativa con tu audiencia, guiándola a escuchar, creer y actuar.

LA INTEGRACIÓN DE ANÉCDOTAS PERSONALES PARA LOGRAR AUTENTICIDAD

Cuando incorporas historias personales en tus discursos, no solo estás compartiendo un fragmento de tu vida; estás ofreciendo un puente para la conexión emocional, haciendo que tu mensaje resuene en un nivel más profundo y personal. Seleccionar las anécdotas adecuadas es fundamental; deben enriquecer tu mensaje, no restarle valor. Las historias que elijas deben tener un vínculo claro con el tema general de tu charla. Piensa en momentos de tu vida que hayan provocado un cambio en tu perspectiva, que te hayan ayudado a superar obstáculos o que proporcionen una ilustración de un principio que estás discutiendo. Estas historias deben servir como evidencia convincente para tu argumento o como ilustraciones vívidas de tus puntos. Por ejemplo, si estás hablando sobre la resiliencia frente a la adversidad, compartir una historia personal sobre un momento en el que enfrentaste un desafío significativo y cómo lo superaste no solo refuerza tu punto, sino que también lo humaniza, haciendo que tu mensaje sea más vívido e impactante.

Elaborar estas historias requiere un enfoque reflexivo. Comienza por identificar el mensaje central de tu anécdota: ¿qué deseas que tu audiencia retenga de ella? Una vez que esto esté claro, construye tu historia con un comienzo que establezca el escenario, un desarrollo que introduzca el conflicto o desafío, y un final que lo resuelva, idealmente vinculándolo de nuevo al tema principal de tu discurso. Asegúrate de que tus anécdotas sean significativas. Deben evocar emociones universales—alegría, frustración, determinación—que resuenen con una audiencia amplia. Esto no significa que tu historia deba ser grandiosa; incluso experiencias simples y cotidianas pueden ser profundamente significativas si se cuentan con autenticidad e integridad emocional.

Equilibrar la experiencia personal con el profesionalismo es crucial. Tus anécdotas deben aumentar tu credibilidad, no socavarla. Comparte historias personales que demuestren tu experiencia, sabiduría o lecciones de vida relevantes que se apliquen a tu contexto profesional. Por ejemplo, relatar un desafío profesional y la forma innovadora en que lo resolviste puede realzar tu autoridad como experto en tu campo. Se trata de mostrar vulnerabilidad sin caer en el exceso. Mantén un tono abierto y honesto, pero que al mismo tiempo sea pulido y respete el tiempo y la atención de la audiencia.

Transicionar de manera fluida entre tus anécdotas y el contenido principal de tu discurso es esencial para mantener el flujo y la coherencia de tu presentación. Cada historia debe llevar de manera natural al punto que estás tratando. Puedes lograr esto utilizando frases de transición que conecten la emoción o la lección de tu anécdota con tu tema principal. Por ejemplo, después de compartir una historia personal sobre un proyecto exitoso, podrías hacer la transición con: "Esta experiencia me enseñó el valor de la perseverancia y la innovación—cualidades que son esenciales en nuestro campo hoy en día." Esto proporciona un flujo natural y refuerza cómo tu experiencia personal subraya los puntos más amplios de tu presentación.

La integración de anécdotas personales de manera efectiva requiere práctica y un agudo sentido del momento y la relevancia. Si lo haces correctamente, estas historias pueden transformar tus discursos, haciendo que sean escuchados, sentidos, recordados y que generen acción en tu audiencia. A medida que refines tus habilidades narrativas, encontrarás que tu capacidad para conectar y persuadir a través de la autenticidad personal se convierte en una de tus herramientas más poderosas en el arte de la oratoria.

LA IMPORTANCIA DE LA CONCISIÓN Y LA CLARIDAD

En el arte de la oratoria, tus palabras son el puente entre tú y tu audiencia. Elegir estas palabras con concisión y claridad asegura que tu mensaje sea comprendido, resuene, perdure y motive. Imagina que estás pintando un cuadro para tu audiencia, y cada trazo de tu pincel —cada palabra y oración— contribuye a esta imagen vibrante. Si los trazos son excesivos o confusos, el cuadro pierde su impacto. Por eso, eliminar la redundancia y abrazar la simplicidad puede transformar un buen discurso en uno inolvidable.

Eliminar las redundancias

Las redundancias tienden a infiltrarse en nuestros discursos cuando intentamos enfatizar un punto o cuando estamos nerviosos. Es como contarle a un amigo la misma historia una y otra vez; eventualmente, perderá el interés. Para mantener a tu audiencia atenta, revisa tu discurso en busca de frases u oraciones que repitan la misma información. Por ejemplo, decir "doce del mediodía" o "planificación anticipada" puede simplificarse a "mediodía" y "planificación". Estos recortes pueden parecer pequeños, pero agilizan tu discurso, haciéndolo más preciso y fácil de seguir. Herramientas como el software de conversión de texto a voz pueden ser muy útiles en este sentido, permitiéndote escuchar tu discurso y detectar de manera natural las secciones que se sienten repetitivas o innecesariamente largas.

Utilizar un lenguaje sencillo

La belleza de un gran discurso a menudo radica en su simplicidad. Utilizar un lenguaje sencillo y directo hace que tu discurso sea accesible a una audiencia más amplia, asegurando que tu mensaje no solo sea escuchado, sino también comprendido. El uso de jerga, términos técnicos o un vocabulario excesivamente complejo puede alienar a los oyentes, creando una barrera entre tú y ellos. En su lugar, opta por un lenguaje claro y cotidiano. Explica conceptos complejos mediante analogías o explicaciones simples que se relacionen con experiencias diarias. Este enfoque no diluye tu mensaje; garantiza que llegue a todos en la sala, desde el experto hasta el novato, haciendo que todos se sientan incluidos y comprometidos.

Estructurar tus enunciados para causar impacto

La estructura de tus oraciones juega un papel crucial en la recepción de tu mensaje. Las oraciones largas y enrevesadas pueden confundir a los oyentes, opacando tus puntos principales. Procura crear oraciones que sean directas y al grano. Usa la voz activa para dar a tus palabras un sentido de inmediatez y poder. Por ejemplo, en lugar de decir: "El proyecto fue completado por el equipo en un mes", di: "El equipo completó el proyecto en un mes." Este cambio ajusta tu oración y enfatiza el sujeto, haciendo que tu enunciado sea más impactante. Además, varía la longitud de tus oraciones para mantener el ritmo de tu discurso dinámico y atractivo. Una combinación de oraciones cortas y contundentes junto con otras más largas y descriptivas puede ayudar a mantener la atención de tu audiencia y a enfatizar los puntos clave de manera efectiva.

Revisión para mayor claridad

El proceso de revisión es donde se forja la claridad. Después de redactar tu discurso, da un paso atrás y revísalo con una mirada fresca, o mejor aún, invita a un colega a evaluarlo. Escucha lo que tiene para decir sobre lo que tiene sentido y lo que no. A menudo, lo que es evidente en nuestra mente puede resultar ambiguo o confuso para los demás. Utiliza estos comentarios para refinar y simplificar tu mensaje. Leer tu discurso en voz alta es otra técnica poderosa de revisión. Te ayudará a escuchar qué funciona y lo que suena torpe o poco claro. Esta práctica también puede ayudarte a detectar un lenguaje que puede sonar formal o poco natural al expresarlo en voz alta, lo que te permitirá ajustar tu redacción para que suene más conversacional y atractiva.

Incorporar estas estrategias en tu proceso de redacción y preparación asegura que cada palabra cuente cuando te presentes ante tu audiencia. Tu mensaje se transmitirá de manera clara y convincente, haciendo que tu discurso no solo sea escuchado, sino que sea sentido y recordado. Al eliminar la redundancia, utilizar un lenguaje simple, estructurar tus oraciones para lograr impacto y revisar rigurosamente para garantizar la claridad, te prepararás para cautivar a tu audiencia con cada palabra que pronuncies. A medida que continúes perfeccionando estas habilidades, encontrarás que la claridad y la concisión se convierten no solo en técnicas que utilizas, sino en aspectos fundamentales de cómo te comunicas, mejorando tu capacidad para influir e inspirar a quienes te rodean.

ILUSTRAR IMÁGENES QUE ELEVEN TU DISCURSO

Cuando entrelazas palabras en un discurso, el tejido que creas puede cautivar o pasar desapercibido para tu audiencia. Es en este punto donde los recursos retóricos juegan un papel crucial: son herramientas que pueden darle color, textura y profundidad a tus palabras. Desde metáforas y símiles que pintan imágenes vívidas en la mente de quienes te escuchan, hasta aliteraciones y paralelismos que le otorgan ritmo y un carácter memorable a tus palabras, estos recursos son elementos esenciales en el arsenal de cualquier orador efectivo.

Comencemos con las metáforas y los símiles. Estos recursos comparan una cosa con otra, ya sea de forma directa o indirecta, lo que facilita la comprensión y permite que el público se identifique. Por ejemplo, al decir "Navegar en esta economía es como surcar mares tormentosos," ayudas a tu audiencia a visualizar los desafíos e inestabilidades en términos económicos. Este tipo de imágenes no solo hace que tu discurso sea más atractivo, sino también más memorable. La aliteración, que es la repetición de sonidos consonantes de palabras cercanas, puede añadir un ritmo poético a tu discurso, mejorando su atractivo sonoro. Considera una frase como "posibles pasos poderosos," donde la repetición del sonido "p" enfatiza el punto y hace que la frase sea más pegajosa e impactante.

El paralelismo implica utilizar la misma estructura general en varias partes de una oración o en oraciones diferentes para enlazar ideas relacionadas. Un ejemplo famoso es el discurso de Martin Luther King Jr., "Yo tengo un sueño": "Yo tengo un sueño de que un día esta nación se levantará y vivirá el verdadero significado de su credo: 'Sostenemos que estas verdades son evidentes, que todos los hombres son creados iguales.'" Esta repetición no solo resalta elementos cruciales de su visión, sino que también proporciona una estructura rítmica que el público puede seguir y recordar fácilmente.

Si bien estos recursos pueden mejorar dramáticamente tu discurso, observemos cómo han sido utilizados efectivamente en la historia para ver su impacto potencial. Consideremos el discurso inaugural de John F. Kennedy, donde utiliza la antítesis, otro recurso retórico que contrasta dos ideas opuestas en la misma oración, con un efecto memorable: "No preguntes qué puede hacer tu país por ti, sino qué puedes hacer tú por tu país." Esta yuxtaposición de ideas ofrece un llamado claro y memorable a la acción que resuena con el oyente mucho después de que el discurso haya terminado. De manera similar, el uso de la anáfora, o la repetición de una palabra o frase al inicio de cláusulas sucesivas, se observa en el discurso de Winston Churchill: "Lucharemos en las playas, lucharemos en los desembarcos, lucharemos en los campos y en las calles..." Esta repetición genera impulso y transmite un fuerte compromiso inquebrantable.

La práctica es fundamental para sentirte cómodo y hábil en el uso de estos recursos retóricos. Intenta construir oraciones que utilicen cada una de estas técnicas. Empieza escribiendo oraciones sencillas como "El proyecto fue desafiante pero gratificante." Luego, reformúlala usando una metáfora: "El proyecto fue una montaña, difícil de escalar pero espectacular en la cima." Experimenta con la aliteración o encuentra oportunidades para insertar paralelismos en tus presentaciones. Cuanto más practiques, más naturalmente se integrarán estos elementos en tu manera de hablar.

Estos recursos pueden enriquecer tu discurso, pero deben usarse con moderación. Abusar de los adornos retóricos puede eclipsar tu mensaje principal, haciendo que tu discurso suene más como un recital de poesía que como una presentación sustancial. La clave está en el equilibrio. Los recursos retóricos deben subrayar y realzar tus puntos, no opacarlos. Deben servir al contenido de tu discurso, no reemplazarlo. Este equilibrio asegura que tu discurso siga siendo impactante y creíble, resonando con tu audiencia tanto por su estilo como por su contenido significativo.

A medida que sigas integrando estos elementos retóricos en tus discursos, notarás cómo enriquecen el lenguaje y fortalecen tu conexión con el público. Transforman tus presentaciones de simples charlas en poderosas transmisiones de ideas, emociones y acciones. Con cada discurso, tu confianza en el uso de estas herramientas crecerá, a medida que veas de primera mano cómo cautivan e inspiran a tus oyentes. Cuando se alinean con un sólido dominio de tu tema, este manejo de la retórica te prepara para captar la atención y dejar una huella duradera en tu audiencia.

ELABORA UN LLAMADO A LA ACCIÓN CONVINCENTE

Al llegar al punto culminante de tu discurso, el momento en que todo lo que has dicho empieza a tomar forma, introduces tu llamado a la acción (más conocido por sus siglas en inglés CTA, Call To Action). Este no es simplemente otro enunciado; es el catalizador que transforma la escucha pasiva en un compromiso activo, incitando a tu audiencia a pensar, sentir o actuar de manera diferente basándose en tu presentación. La belleza de un CTA bien elaborado radica en su capacidad para movilizar a la audiencia, ofreciéndoles un camino claro para canalizar su energía o comprensión recién adquirida en acciones concretas.

La clave de un CTA efectivo se basa en tres elementos clave: claridad, urgencia y relevancia. La claridad, significa que tu llamado a la acción debe ser inconfundible y conciso. No debe estar envuelto en ambigüedad; por el contrario, debe ser directo y claro, diciendo exactamente lo que esperas que haga tu audiencia a continuación. Ya sea "Únete a nuestro boletín", "Comienza a reciclar hoy" o "Vota en las próximas elecciones", cada comando deja claro cuál es la acción deseada. La urgencia, añade una capa de inmediatez a la acción. Impulsa a la audiencia a actuar cuanto antes, a menudo reforzada con frases como "Actúa ahora", "Oferta por tiempo limitado" o "No te lo pierdas". Esto lleva a la audiencia de la reflexión a la acción, apelando a la necesidad de actuar pronto. La relevancia, vincula tu CTA con los intereses y necesidades de tu audiencia, asegurando que resuene profundamente y se sienta personalmente significativo. Refleja un entendimiento de quiénes son y qué les importa, ya sea la conservación del medio ambiente, la mejora de la comunidad o el crecimiento personal.

Consideremos la versatilidad y efectividad de los CTA con algunos ejemplos. En un discurso político, un CTA convincente podría ser: "Únete a nosotros para luchar por el cambio. Visita nuestro sitio web y únete al movimiento hoy mismo". Esto no solo pide una acción, sino que también fomenta un sentido de comunidad y propósito compartido. En un contexto empresarial, especialmente en ventas, un CTA persuasivo podría ser: "Empieza a maximizar tu productividad. Regístrate en nuestro software ahora y obtén el primer mes gratis". Aquí, el atractivo de mejorar la eficiencia personal o corporativa es claro, y el incentivo de una prueba gratuita lo hace aún más atractivo. Por otro lado, en una charla motivacional, el orador podría concluir con: "Abraza tu camino hacia la superación personal. Comienza estableciendo una meta personal hoy", lo que personaliza la acción, haciéndola accesible y manejable.

Probar y perfeccionar tu CTA es fundamental para asegurarte de que siempre cumpla con tu objetivo. Un método efectivo es emplear pruebas A/B durante sesiones de práctica o presentaciones más pequeñas antes del evento principal. Esto implica usar dos CTA ligeramente diferentes para ver cuál genera una respuesta más fuerte en la audiencia. Puedes obtener retroalimentación a través de la interacción directa con la audiencia, encuestas digitales o midiendo las acciones posteriores, como inscripciones a boletines o registros en talleres. Basado en los resultados, ajusta tu CTA para que resuene mejor con tu audiencia, modificando el lenguaje, el tono y los detalles de la acción que estás promoviendo.

Imagina concluir un discurso sobre innovación con un CTA que carezca de impacto o claridad. En lugar de motivar a la audiencia, un CTA débil puede dejarla confundida o indiferente. Ahora, visualiza un CTA fuerte y claro que se alinee perfectamente con el corazón de tu mensaje, como: "Innova hoy; transforma el mañana. Únete a nuestra comunidad de pensadores visionarios". Esto refuerza el tema del discurso e invita a la audiencia a participar en algo más trascendental. Este es el poder de un CTA bien diseñado: no solo cierra un discurso, sino que extiende una invitación a la audiencia para involucrarse de manera significativa con el tema.

Al concluir esta discusión sobre como persuadir a las personas a tomar acción, recuerda que tu CTA no es solo un final, sino un puente hacia una mayor interacción, inspiración y acción. Es una herramienta esencial que, cuando se utiliza de manera efectiva, puede amplificar significativamente el impacto de tu discurso, convirtiendo a oyentes pasivos en participantes activos y defensores de tu causa. A medida que avances, sigue perfeccionando tu enfoque en los CTA, asegurándote de que sean claros, urgentes y relevantes, y observa cómo tus palabras se transforman en acciones, impulsando cambios e inspirando movimientos.

En el próximo capítulo, exploraremos el papel crucial de la forma en la que te comunicas al hablar en público. Nos adentraremos en los matices de la modulación de la voz, el ritmo y el uso de pausas, asegurando que tu comunicación sea tan poderosa como el contenido de tus discursos.

5
DOMINAR LA EJECUCIÓN

Imagina que eres un chef, calculando con cuidado cada componente de una comida elaborada para asegurarte que todo se integre a la perfección al final. Así como el éxito culinario depende del ritmo de cada plato, el impacto de tu discurso está fuertemente ligado al ritmo y la cadencia de tu presentación. El ritmo no se trata solo de la velocidad; es la fluctuación de tus palabras, las pausas y los énfasis, y cómo estos elementos se sincronizan para crear una narrativa convincente. Dominar este arte puede transformar un monólogo monótono en una cautivadora sinfonía de ideas que mantiene a tu audiencia comprometida de principio a fin.

DOMINAR EL ARTE DEL RITMO

Comprender el ritmo del discurso

El ritmo de tu discurso es fundamental, ya que influye directamente en la capacidad de tu audiencia para absorber y retener la información que presentas. Un discurso bien equilibrado mejora la comprensión y mantiene al público interesado, mientras que uno mal estructurado puede generar confusión o desinterés. Piensa en el ritmo como el tempo de una pieza musical: el ritmo adecuado mantiene la música viva y emocionante, pero si es demasiado rápido se vuelve caótica; si es demasiado lento, puede hacer que el oyente se aburra.

Un ritmo efectivo implica una mezcla de segmentos más rápidos para transmitir entusiasmo y energía, partes más lentas para enfatizar puntos importantes y pausas naturales que permitan a la audiencia asimilar la información. Este flujo dinámico ayuda a mantener la atención del público y facilita una conexión más profunda con el contenido. Se trata de encontrar ese punto ideal donde el ritmo de tu discurso se alinea perfectamente con la capacidad de la audiencia para seguir y disfrutar de la narrativa.

Técnicas para controlar el ritmo

Controlar el ritmo de tu discurso puede parecer abrumador, pero con algunas técnicas estratégicas, se convertirá en una parte intuitiva de tu presentación. Una de las herramientas más poderosas a tu disposición es el uso estratégico de las pausas. Las pausas no son simplemente interrupciones en tu discurso, sino oportunidades para que tus palabras resuenen y se asienten en la mente de tu audiencia. Después de introducir un punto importante o expresar una afirmación contundente, una pausa bien medida permite al público reflexionar sobre lo que has dicho, aumentando el impacto de tus palabras.

Variar la longitud de las oraciones es otra técnica efectiva. Mezcla oraciones más largas y complejas que detallen información crítica con oraciones más cortas y contundentes que transmitan mensajes vitales de manera concisa. Esta variación mantiene la textura auditiva de tu discurso emocionante y evita la monotonía, que puede provocar fatiga en los oyentes.

Para ilustrarlo, considera un discurso sobre tecnología innovadora. Puedes utilizar una oración más larga para explicar la tecnología en detalle, seguida de una oración corta y contundente como "Esto lo cambia todo." Este patrón no solo enfatiza el mensaje crucial, sino que también mantiene al público comprometido mediante la variación rítmica en tu discurso.

Practicar con cronómetros

Para perfeccionar tu ritmo, practicar con un cronómetro es de gran utilidad. Los cronómetros te ayudarán a medir cuánto tiempo dedicas a cada segmento de tu discurso, asegurándote de asignar el tiempo adecuado a cada punto sin apresurarte ni extenderte demasiado. ¿Podrías desglosar tu discurso en secciones y asignar un límite de tiempo aproximado a cada una según su importancia y complejidad?

Durante las sesiones de práctica, repasa tu discurso y cronometra el tiempo. Observa cuáles partes tienden a excederse o a quedarse cortas en el tiempo asignado. Ajusta lo necesario, quizás recortando algunos detalles de una sección que regularmente se extiende o ampliando los puntos en secciones que suelen ser breves. La práctica regular con un cronómetro mejorará tu ritmo y te hará más consciente de tus ritmos naturales al hablar y de cómo controlarlos de manera efectiva.

Ajustar el ritmo en tiempo real

La capacidad de ajustar tu ritmo en tiempo real según la respuesta de la audiencia es una habilidad que distingue a los buenos oradores de los excelentes. Esto requiere que estés altamente atento y seas receptivo a las reacciones del público. ¿Están inclinándose hacia adelante, asintiendo? Podría ser un buen momento para acelerar un poco y aprovechar su compromiso. ¿Se ven confundidos o distraídos? Tal vez sea el momento adecuado para reducir la velocidad, enfatizar los puntos clave o insertar una pausa para la reflexión.

Desarrollar esta estrategia de ritmo adaptativo implica practicar en diferentes entornos y con diversas audiencias para mejorar tu capacidad de leer y responder a las señales del público. También puedes observar discursos disponibles en internet para ver las reacciones de la audiencia y reflexionar sobre cómo el orador podría cambiar su ritmo, alternando entre frases largas y cortas para lograr un mayor impacto. Esto también requiere una cierta flexibilidad en la preparación de tu discurso; debes estar preparado para modificar el ritmo planificado según las devoluciones que estés recibiendo en vivo. Esta capacidad de respuesta mejora la comprensión y demuestra tu respeto por la experiencia de la audiencia, fortaleciendo su conexión contigo y tu mensaje.

Dominar el arte del ritmo es como aprender a dirigir una orquesta, donde cada elemento de tu discurso, desde las palabras hasta las pausas y el tempo, se combinan en armonía para crear una narrativa convincente. Con práctica y atención a estas técnicas, descubrirás que controlar el ritmo de tu discurso se convierte en una parte natural de tu presentación, desempeñando un papel fundamental en la efectividad e impacto de tus exposiciones.

VARIEDAD VOCAL PARA MANTENER EL INTERÉS

Imaginemos que estás escuchando tu canción favorita. Observa cómo las variaciones en la melodía, el ritmo y el volumen te mantienen interesado y emocionalmente conectado. Al igual que la música, la voz humana tiene el poder de cautivar a la audiencia a través de su rango dinámico. En el ámbito de la oratoria, a esto lo llamamos variedad vocal, que consiste en modificar tu tono, ritmo y volumen para potenciar tu mensaje y mantener a tu audiencia atenta desde el principio hasta el final.

La importancia de la dinámica vocal no puede subestimarse: los cambios de tono ayudan a enfatizar puntos importantes y a evitar la monotonía. Imagina decir, "Esto es crucial," en un tono plano en comparación con resaltar la palabra "crucial" elevando el tono. Este último caso despierta naturalmente el interés y señala a los oyentes que se está discutiendo algo importante. De manera similar, variar tu ritmo al hablar—acelerando para transmitir emoción o ralentizando para subrayar un punto crítico—puede impactar significativamente en la forma en que se percibe y retiene tu mensaje. El volumen también juega un papel clave; hablar suavemente puede atraer la atención de los oyentes, haciéndolos prestar atención a cada palabra, mientras que una voz más fuerte puede energizar y captar su atención.

Profundicemos en ejercicios prácticos para desarrollar una voz más flexible y expresiva. Comienza con la práctica del tono, que puede ayudarte a sentirte más cómodo al expandir tu rango vocal. Puedes empezar leyendo un pasaje y alterando intencionalmente tu tono en diferentes oraciones o palabras. Graba tu voz y reproduce la grabación para escuchar las inflexiones de tu discurso. Gradualmente, esta práctica te ayudará a romper el hábito de hablar en un tono monótono. Otro ejercicio útil implica el control del volumen. Practica un segmento de tu discurso a diferentes volúmenes. Comienza en un tono suave y luego aumenta tu volumen, notando cómo cambia el impacto de tus palabras. Este ejercicio no solo mejora tu capacidad para usar el volumen de manera efectiva, sino que también mejora tu control vocal general, facilitando ajustes intuitivos del volumen durante presentaciones reales.

Incorporar estas técnicas vocales en tus discursos garantiza autenticidad. Se trata de que estos cambios se sientan como una extensión natural de tu mensaje, en lugar de una actuación forzada. Para lograrlo, enfócate en el contenido emocional de tus palabras y permite que tu entrega vocal refleje esa emoción. Por ejemplo, si compartes un avance emocionante, deja que tu voz exprese tu entusiasmo. Esta unidad entre tus sentimientos y tu voz crea una entrega genuina y convincente que resuena con la audiencia.

Ahora, veamos algunos estudios de caso de comunicadores que sobresalen en el uso de la variedad vocal. Consideremos a un comunicador público renombrado que comienza su discurso principal con un tono bajo y un ritmo lento para atraer a la audiencia hacia un tema serio. Gradualmente, cambia a un tono más alto y un ritmo más rápido al presentar una solución esperanzadora y emocionante. Este uso estratégico de la variedad vocal refuerza el mensaje del orador y mantiene a la audiencia interesada a lo largo de la presentación. Otro ejemplo podría ser un narrador que utiliza un tono suave y misterioso para intrigar a la audiencia, y luego cambia a una voz alta y entusiasta para narrar el clímax de la historia, utilizando efectivamente su dinámica vocal para enriquecer la experiencia.

Estos ejemplos ilustran cómo dominar la variedad vocal puede transformar un discurso de algo mundano a memorable. Al practicar estas técnicas e incorporarlas en tus discursos, puedes asegurarte de que tu entrega capte y mantenga la atención de tu audiencia, haciendo que tu mensaje no solo sea escuchado, sino realmente sentido. Ya sea que busques inspirar, informar o persuadir, recuerda que la forma en que dices algo puede ser tan importante como lo que dices.

USO EFICAZ DE LOS GESTOS Y EL ESPACIO

Cada movimiento y gesto que realizas al estar frente a un público entusiasta contribuye a la narrativa que estás creando. Considera tus gestos como la puntuación en tus oraciones habladas; pueden agregar énfasis, claridad y emoción, mejorando tu conexión con la audiencia. Los gestos no son solo movimientos aleatorios, sino ayudas visuales que pueden ayudar a subrayar tus puntos e inyectar pasión en tu presentación. Imagina relatar una emocionante historia personal o describir un avance significativo; tus movimientos naturales de manos pueden ayudar a ilustrar tus puntos, haciendo que tu relato o explicación sea más vívido y atractivo.

Los gestos se pueden clasificar en varias categorías, cada una con un propósito único en la comunicación. Los gestos ilustrativos son aquellos que pintan una imagen o demuestran una acción. Por ejemplo, si estás explicando el proceso de atar un nudo, tus manos pueden imitar las acciones requeridas, ayudando a tu audiencia a visualizar y comprender mejor el proceso. Por otro lado, los gestos enfáticos se utilizan para subrayar o destacar una palabra o punto particular. Esto podría incluir golpear un puño en la palma para demostrar determinación o chasquear los dedos para indicar rapidez. También existen los gestos descriptivos, que ayudan a describir características físicas como forma o ubicación. Si, por ejemplo, estás describiendo el tamaño de un nuevo producto, tus manos pueden delinear sus dimensiones en el aire, proporcionando un contexto visual claro a tus palabras.

Practicar frente a un espejo o utilizar una grabadora de video puede ser extremadamente útil para perfeccionar los gestos, de manera que parezcan naturales e impactantes, en lugar de forzados o distractivos. Puedes comenzar presentando tu discurso como de costumbre y luego reproducirlo para observar tus gestos. ¿Están en sintonía con tus palabras? ¿Parecen naturales o se ven ensayados? ¿Tus movimientos mejoran tu mensaje o desvían la atención de él? Esta autoevaluación te permite ver de primera mano lo que tu audiencia observa, ayudándote a suavizar gestos incómodos y reforzar movimientos efectivos. Con el tiempo, esta práctica te ayudará a desarrollar un repertorio de gestos que se sientan tan naturales como hablar.

El uso efectivo del espacio al hablar es otro aspecto crucial para una presentación cautivadora. El espacio que ocupas y cómo lo utilizas pueden afectar significativamente la recepción de tu mensaje. Moverte por el escenario, por ejemplo, puede ayudar a mantener los niveles de energía en la sala, tanto para ti como para tu audiencia. Esto hace que tu presentación sea más dinámica y mantiene a la audiencia visualmente comprometida. Acercarte al público y dar un paso más cerca durante una parte particularmente personal o significativa de tu discurso puede crear una conexión íntima, haciendo que tus palabras sean más impactantes. Por el contrario, retroceder puede permitir que la audiencia reflexione sobre lo que has compartido, especialmente después de haber tratado un punto importante.

Sin embargo, al igual que con todos los aspectos de la comunicación en público, la clave para utilizar el espacio de manera efectiva es la moderación y la relevancia. Cada movimiento debe tener un propósito. Un deambular sin rumbo puede ser distractor e incluso puede indicar nerviosismo. Practica recorrer tu área de exposición antes de tu presentación para familiarizarte con el espacio. Considera dónde podrías pararte para hacer un punto crucial o dónde podrías moverte durante diferentes segmentos de tu discurso. Esta familiaridad con el espacio hará que tus movimientos durante la presentación real se sientan más confiados y deliberados.

*I*ncorporar gestos bien pensados y practicados, así como utilizar efectivamente el espacio físico, son herramientas poderosas en tu repertorio. No solo mejoran el atractivo visual de tu presentación, sino que también juegan un papel fundamental en la comprensión y recepción de tu mensaje. Refinar estas habilidades garantiza que tu lenguaje corporal y movimientos estén alineados con tus palabras, creando una entrega fluida y convincente que captura y mantiene la atención de tu audiencia. A medida que continúes creciendo como orador, estos elementos se convertirán en partes integrales de tu estilo de presentación, reforzando sutilmente tus mensajes y dejando impresiones duraderas en tus oyentes.

CÓMO SUPERAR LOS SÍNTOMAS FÍSICOS DE LA ANSIEDAD

Cuando te presentas ante una audiencia, a veces tu cuerpo puede traicionarte, mostrando tus nervios de maneras visibles que pueden causar distracciones. Puedes notar que tus manos tiemblan, una capa de sudor en tu frente o que tu voz se quiebre, convirtiendo lo que debería ser un momento de orgullo profesional en una lucha con tu fisiología. Es importante reconocer que estas manifestaciones físicas de ansiedad no solo son comunes, sino que también se pueden manejar con las técnicas adecuadas.

Primero, hablemos sobre cómo identificar estos síntomas. Las manos temblorosas o una voz quebrada pueden ser signos de adrenalina, una respuesta natural a lo que tu cerebro percibe como una situación de "lucha o huida". El sudor puede aparecer incluso en una habitación bien climatizada, simplemente porque la respuesta de estrés de tu cuerpo activa las glándulas sudoríparas. Reconocer estas reacciones como respuestas normales al estrés es el primer paso para manejarlas. Aceptarlas evita que te sorprendan, permitiéndote implementar estrategias para mitigar su impacto.

Como se mencionó anteriormente, una técnica eficaz para reducir estos síntomas físicos es la respiración profunda. Al respirar profundamente, activas el sistema nervioso parasimpático, que tiene un efecto calmante en tu cuerpo. Esto contrarresta la oleada de adrenalina al disminuir la frecuencia cardíaca y alentar a tu cuerpo a relajarse. Esto ayuda a estabilizar tus nervios y a enfocar tu mente, alejándola de la ansiedad y centrándote en la tarea en cuestión.

Los ejercicios de liberación de tensión también son increíblemente beneficiosos. Antes de tu discurso, dedica unos minutos a estiramientos suaves o a realizar una serie de ejercicios de tensión y relajación muscular. Por ejemplo, puedes apretar los puños con fuerza durante unos segundos y luego soltarlos, sintiendo cómo se disipa la tensión. Esto puede ser particularmente útil para las manos temblorosas o una voz quebradiza, ya que ayuda a reiniciar los músculos que pueden estar contrayéndose involuntariamente debido a tus nervios.

La hidratación adecuada es otra estrategia simple, pero a menudo pasada por alto. Cuando estás bien hidratado, tu cuerpo puede regular más eficazmente las hormonas del estrés. Además, la boca seca, un efecto secundario común de la ansiedad, puede agravar la incomodidad y dificultar el habla clara. Mantener una botella de agua a mano y tomar pequeños sorbos antes y durante tu discurso puede ayudar a mitigar estos efectos.

En cuanto a las estrategias de preparación, una preparación exhaustiva es quizás tu defensa más potente contra la ansiedad. Familiarizarte con tu material a través de la práctica repetida puede aumentar significativamente tu confianza, reduciendo la ansiedad. Cuando te sientes seguro sobre lo que vas a decir, el miedo que activa la respuesta de estrés de tu cuerpo disminuye. Practica tu discurso en diferentes entornos y a distintas horas del día para asegurarte de que tu mente y cuerpo se mantengan tranquilos, independientemente de las circunstancias externas.

Para el manejo a largo plazo de la ansiedad, incorporar ejercicio regular a tu rutina puede marcar una diferencia sustancial. El ejercicio mejora tu salud física en general y ayuda a reducir el estrés al liberar endorfinas, sustancias químicas en tu cerebro que actúan como analgésicos naturales y elevadores del estado de ánimo. Además, considera la meditación o la terapia de expresión. La meditación puede ayudarte a desarrollar una mayor conciencia de tus patrones de pensamiento, permitiéndote orientarlos hacia narrativas más positivas y menos ansiosas. Por otro lado, la terapia de expresión puede proporcionarte estrategias personalizadas para abordar tus ansiedades específicas relacionadas con la oratoria.

Implementar estas técnicas no solo te ayudará a manejar los síntomas físicos de la ansiedad; también te permitirá presentarte ante cualquier audiencia con confianza, no porque ya no sientas nervios, sino porque sabes exactamente cómo manejar esos nervios y canalizarlos en una presentación poderosa y persuasiva. Recuerda que el objetivo no es eliminar la ansiedad por completo, sino dominarla de tal manera que ya no te controle, permitiendo que tu verdadero potencial como comunicador brille.

EL IMPACTO DEL CONTACTO VISUAL DURANTE EL DISCURSO

Una conexión silenciosa pero profunda se establece cuando se cruza la mirada con otra persona. Este contacto visual puede romper la barrera entre el anonimato y la cercanía, transformando a una sala llena de desconocidos en una audiencia atenta a cada palabra que dices. En el arte de hablar en público, el contacto visual es más que una simple práctica recomendada; es una herramienta poderosa que fortalece significativamente la confianza y el vínculo con tu audiencia. Piensa en esto, cuando alguien te habla manteniendo un buen contacto visual es más probable que te sientas valorado y respetado, como si tu presencia realmente importara. Este impacto psicológico se basa en nuestra necesidad humana de reconocimiento y conexión, lo que convierte al contacto visual en un pilar fundamental de la comunicación efectiva.

Mejorar el contacto visual va más allá de simplemente mirar fijamente a la multitud. Se trata de hacer que cada persona del público sienta que le estás hablando directamente, creando una experiencia personal que hace que tu mensaje sea más potente. Un método efectivo para lograr esto es la "técnica del triángulo." Esta técnica divide visualmente a la audiencia en tres secciones: izquierda, centro y derecha. A medida que hablas, desplazas tu mirada de un punto del triángulo a otro, manteniendo unos segundos de contacto en cada sección antes de pasar a la siguiente. Este enfoque sistemático asegura que todas las partes del público reciban su atención, ayudando a mantener el interés en toda la sala sin privilegiar una sola área. Si te cuesta hacer contacto visual, puedes comenzar mirando hacia la frente baja antes de dirigir la mirada a los ojos. Esto te ayudará a sentirte más cómodo con esta conexión.

Practicar un buen contacto visual puede ser un desafío, especialmente si eres naturalmente tímido o introvertido. Sin embargo, como cualquier habilidad, mejora con la práctica. Una buena manera de desarrollar tus habilidades en este aspecto es practicando con grupos pequeños, donde la presión es menor. Empieza conversando con familiares o amigos y enfócate en mantener el contacto visual mientras hablas. Nota cómo te sientes al sostener la mirada de alguien y observa sus reacciones. ¿La conversación se siente más dinámica? ¿Te sientes más conectado? Usa este tipo de retroalimentación para ajustar y fortalecer tu habilidad para mantener el contacto visual.

A medida que te sientas más cómodo, extiende esta práctica a grupos más grandes o durante presentaciones informales en el trabajo o reuniones sociales. Otro ejercicio útil es practicar tus discursos frente a un espejo o grabarte en video. Luego, observa el video y evalúa tu contacto visual. ¿Estás mirando directamente a la cámara? ¿Tus ojos divagan? Esta autoevaluación te proporcionará información valiosa, ayudándote a comprender qué tan bien mantienes el contacto visual y en qué aspectos podrías mejorar.

Equilibrar el contacto visual con la necesidad de consultar notas o apoyos visuales es otro aspecto importante que debes dominar. Es natural echar un vistazo a tus notas de vez en cuando, pero la clave está en evitar que estas miradas se conviertan en lecturas prolongadas que te desconecten de la audiencia. Para mantener este equilibrio, familiarízate lo suficiente con tu material para que las notas sirvan solo como recordatorios breves, en lugar de depender de un guion completo. Usa puntos clave o palabras que te permitan retomar el hilo rápidamente sin necesidad de leer demasiado. Cuando utilices ayudas visuales como diapositivas, recuerda compartir el contenido con la audiencia y, de inmediato, reestablecer el contacto visual. Esta técnica mantiene al público involucrado tanto con el contenido visual como con tus palabras, creando un flujo armonioso de comunicación que resuena en múltiples niveles.

Dominar el contacto visual es una habilidad transformadora que puede elevar tu capacidad de hablar en público, pasando de una simple exposición a una interacción dinámica y envolvente. Se trata de usar tu mirada para tejer un lazo de conexión con la audiencia, haciéndoles sentir que son vistos, escuchados y valorados. Con práctica y consciencia, el arte del contacto visual puede convertirse en una parte natural de tu forma de comunicar, mejorando tu efectividad como orador y profundizando las conexiones en tus interacciones cotidianas. Ya sea que estés dirigiéndote a una sala de conferencias o a un encuentro casual, recuerda que hacia donde diriges tu mirada, fluye la energía. Haz que cada mirada cuente y observa cómo tus palabras adquieren un poder capaz de movilizar e inspirar como nunca antes.

ENSAYOS EN VIVO Y CÓMO MANEJARLOS

Imagina ingresar a una simulación donde cada aspecto de un evento en el que tienes que hablar en público se recrea: la audiencia, el micrófono, las luces, e incluso los imprevistos. De eso se tratan los ensayos simulados. Ofrecen un entorno seguro y de apoyo donde puedes practicar, cometer errores y aprender sin la presión de un evento real. Organizar estos ensayos con tus colegas o mentores puede ser sumamente útil. Es como un ensayo general para tu gran presentación. Programa una sesión donde cada participante tenga la oportunidad de hablar sobre un tema elegido, mientras los demás desempeñan el rol de la audiencia. Al finalizar, todos proporcionan retroalimentación constructiva. Esta práctica te ayuda a perfeccionar tu discurso y a familiarizarte con la sensación de enfrentarte a una audiencia real, desde controlar tus nervios hasta utilizar tu voz de manera eficaz.

Manejar situaciones imprevistas durante los discursos es otra habilidad crucial que se puede perfeccionar en estas sesiones de práctica. Aceptémoslo, las cosas pueden salir mal por más que te prepares. El micrófono podría dejar de funcionar, alguien podría interrumpir con una pregunta o podrías perder el hilo de lo que ibas a decir. La forma en que manejes estos momentos puede marcar la diferencia entre un buen orador y uno excelente. Durante los ensayos, introduce interrupciones deliberadas. Por ejemplo, haz que alguien haga una pregunta fuera de lugar o simula una falla técnica. Esto te prepara para pensar rápidamente, mantener la compostura y encontrar soluciones inmediatas. Lo esencial es mantenerte calmado, reconocer el problema y utilizar tu preparación y capacidad de reacción para manejar la situación con éxito.

La retroalimentación es un recurso invaluable para la mejora, especialmente cuando provienen de escenarios de práctica que simulan entornos de oratoria reales. Al recibir retroalimentación, concéntrate en lo que funcionó, lo que no, y el porqué. Anima a tus colegas a ser honestos y detallados. ¿Tu mensaje fue claro? ¿Cómo fue tu lenguaje corporal? ¿Hablaste demasiado rápido o demasiado lento? Utiliza esta retroalimentación para realizar mejoras específicas. Por ejemplo, si te dicen que tu voz disminuyó al final de las oraciones, trabaja en proyectarla de manera uniforme. Si tus gestos parecieron forzados, practica hacerlos más naturales y en sintonía con tus palabras. Este uso constructivo de la retroalimentación es invaluable para afinar tus habilidades y aumentar tu confianza.

Uno de los mayores beneficios de participar en ensayos en vivo es desarrollar resiliencia mediante la práctica. Cada sesión es una oportunidad para enfrentar tus miedos, cometer errores y aprender a recuperarte de ellos. Esto no solo mejora tus habilidades, sino que también fortalece tu mente y emociones. Descubrirás que con cada práctica, tu temor a hablar en público disminuye, siendo reemplazado por una creciente confianza. Esta resiliencia es lo que te ayudará a superar los desafíos reales de la oratoria, transformando la energía nerviosa en una presencia electrizante que cautive a tu audiencia.

Al concluir este capítulo, recuerda que el arte de hablar en público no se trata solo de transmitir un mensaje bien estructurado. También implica manejar lo impredecible, usar las críticas de manera constructiva y desarrollar resiliencia mediante la práctica constante. Estos ensayos en vivo son tu campo de entrenamiento, preparándote no solo para presentarte, sino para hacerlo de manera excepcional, sin importar lo que suceda.

A continuación, exploraremos el uso de herramientas tecnológicas avanzadas en tus discursos. Así como nos hemos preparado para los aspectos humanos de la oratoria, también nos equiparemos para dominar los elementos digitales, asegurándonos de que estés listo para brillar en un discurso impulsado por la tecnología actual.

6
EL USO DE LA TECNOLOGÍA EN LA ORATORIA

*I*magina que estás a punto de dar el discurso más importante de tu carrera. Al mirar a la audiencia no solo ves rostros, ves una oportunidad para conectar, compartir e impactar. Ahora, considera cómo aprovechar el poder de la tecnología para potenciar esta conexión. Ya sea a través de un visual impactante que dé vida a tus puntos o una herramienta interactiva que involucre a tu audiencia en el corazón de tu mensaje, la tecnología adecuada puede transformar tu discurso de un monólogo en un diálogo dinámico. En este capítulo, profundizaremos en cómo elegir y utilizar la tecnología para impresionar, involucrar y resonar profundamente con tu audiencia.

USO DEL MICRÓFONO

Usar un micrófono por primera vez puede resultar un poco intimidante, pero con las técnicas adecuadas puedes asegurarte de que tu voz se escuche de manera clara y segura. A continuación, encontrarás algunas técnicas a tener en cuenta:

1. Verifica la configuración del micrófono
    - Asegúrate de que el micrófono este encendido y ajustado al nivel adecuado

- Prueba el micrófono antes de tu presentación para ajustar el volumen según sea necesario.
2. Colócalo correctamente
    - Sostén el micrófono a una distancia de entre 15 y 30 centímetros de tu boca. Si lo sostienes tú mismo, asegúrate de que esté en la posición correcta; si utilizas un soporte, ajústalo al nivel de tu boca.
    - Evita sostener el micrófono demasiado cerca, esto puede ocasionar sonidos de distorsión.
3. Habla claro y de manera consistente
    - Mantén una distancia constante del micrófono para mantener un volumen uniforme. Al mismo tiempo, dirige tu voz directamente hacia el micrófono y evita hablar de lado.
    - Enuncia tus palabras con claridad y evita murmurar.
4. Controla tu volumen
    - Modula tu voz para evitar gritar o susurrar, habla al volumen de una conversación normal.
    - Presta atención a tu proyección. El micrófono amplifica tu voz, por lo que no debes intentar hablar más fuerte.
5. Evita los ruidos de fondo
    - Minimiza los movimientos que puedan generar ruido, como golpear los dedos o arrugar tus notas.
    - Evita sostener el micrófono demasiado cerca de tu boca para evitar que se escuche tu respiración.
6. Practica una buena postura
    - Mantente erguido y siéntate recto para poder tener un buen control sobre tu respiración y proyección.
    - Retrocede ligeramente si estás haciendo una pausa o practicando técnicas de respiración.
7. Practica y ponte a prueba
    - Si tienes la oportunidad, ensaya con antelación en el lugar donde te vas a presentar.
    - Si no tuviste tiempo para ensayar, está bien que pruebes el sonido y preguntes a la audiencia si todos pueden escucharte correctamente.

Utilizar un micrófono puede ser fundamental para contar tu historia y dar un toque personal a tu discurso. La clave para evitar los nervios es recordar que se trata simplemente de ti hablando con naturalidad, la tecnología solo se encarga de transmitir tu voz a los demás. La práctica hará que esta experiencia sea más sencilla y efectiva y te ayudará a sentirte más cómodo al presentar tu discurso.

CÓMO ELEGIR LA TECNOLOGÍA ADECUADA PARA CADA TIPO DE DISCURSO

Evalúa las necesidades del discurso

Antes de seleccionar la tecnología adecuada debes comprender claramente los objetivos de tu discurso. ¿Es para informar, persuadir o conmemorar una ocasión especial? Cada tipo de discurso se beneficiará de diferentes herramientas tecnológicas. Por ejemplo, una presentación informativa puede requerir gráficos y tablas detalladas, mientras que un discurso persuasivo podría enriquecerse con contenido en video poderoso que despierte emociones. Por otro lado, los discursos ceremoniales pueden utilizar música de fondo o sonidos ambientales para mejorar la atmósfera. La clave aquí es la alineación: asegurarte de que la tecnología que elijas potencie tu mensaje en lugar de opacarlo. Considera tus objetivos principales y los mensajes clave que deseas que tu audiencia retenga. Esta claridad guiará tus elecciones tecnológicas, asegurando que profundicen el impacto de tus palabras.

Panorama de las opciones tecnológicas

Una vez que hayas definido las necesidades de tu discurso, puedes comenzar a explorar las opciones tecnológicas disponibles. El software de presentaciones como *"PowerPoint"* o *"Keynote"* es un elemento básico para muchos oradores, pero no temas pensar más allá de las diapositivas. Los sistemas de respuesta del público pueden convertir una presentación estándar en una experiencia interactiva, permitiéndote obtener retroalimentación en tiempo real e involucrar a tu audiencia en encuestas o cuestionarios. La realidad aumentada (RA) ofrece posibilidades aún más inmersivas, permitiendo superponer información digital en el mundo real, lo que puede ser especialmente atractivo en discursos que abordan datos o procesos complejos. Y luego está la realidad virtual (RV) que puede transportar a tu audiencia a entornos completamente nuevos, ideal para discursos que buscan educar o inspirar al ofrecer experiencias que de otro modo serían imposibles. Cada tecnología tiene sus fortalezas y debe ser elegida en función de qué tan bien pueda dar vida a tu mensaje en el contexto de tu discurso específico.

Asegurar la disposición de las herramientas tecnológicas

Finalmente, considera la durabilidad de tus elecciones tecnológicas. En un mundo donde los avances tecnológicos son constantes, es fundamental optar por soluciones que se adapten y evolucionen con el tiempo. Opta por software y herramientas que reciban actualizaciones regulares y cuenten con un soporte continuo. Evalúa la compatibilidad con diversos dispositivos y plataformas para asegurar que tu tecnología pueda llegar al mayor número posible de personas, sin importar el tipo de hardware que utilicen. Esto no solo maximiza el alcance y la efectividad de tu presentación hoy, sino que también fortalece tu capacidad para sobresalir en futuras ocasiones.

A medida que tomes estas decisiones, recuerda que la tecnología debe potenciar, no complicar tu mensaje. Debe ser una extensión natural de tu estilo de comunicación, integrándose de manera fluida en tu presentación para elevar tus palabras y conectar más profundamente con tu audiencia. Ya sea a través de un video oportuno, una encuesta interactiva o una experiencia de realidad virtual, la tecnología adecuada puede transformar tu discurso en un momento inolvidable, logrando que el público se sienta informado, persuadido e incluso conmovido.

CONSEJOS PARA UNA INTEGRACIÓN PERFECTA DE LAS AYUDAS VISUALES

Incorporar ayudas visuales en tu presentación no se trata solo de elegir los gráficos o videos correctos, sino de lograr que estos elementos complementen tus palabras para construir un relato coherente y atractivo. Piensa en tu discurso y las ayudas visuales como compañeros de baile: deben moverse en perfecta sincronía para cautivar completamente a la audiencia. Una estrategia eficaz para lograr esta armonía es planificar cuidadosamente el momento y la manera en que cada elemento visual se introducirá en tu exposición. Organiza tu guion y decide los momentos específicos en los que los recursos visuales fortalecerán tus ideas, como presentar un gráfico justo cuando expones resultados estadísticos o mostrar una fotografía al describir una escena particular. Este ajuste en el tiempo es crucial para que el elemento visual refuerce lo que estás diciendo, en lugar de distraer.

Además, la transición entre tu discurso y las ayudas visuales debe ser fluida y casi imperceptible. Usa dispositivos de control remoto (clickers) o programas de presentación que te permitan cambiar de diapositivas sin interrumpir el ritmo, evitando manipular una computadora o un puntero. Practica esta transición varias veces; familiarizarte con tus herramientas hará que la integración parezca natural durante tu presentación real. También, considera incluir señales en tus notas que te recuerden el momento adecuado para introducir cada visual. Estas indicaciones te ayudarán a mantener un flujo natural, asegurando que tu audiencia se mantenga atenta tanto a tus palabras como a los elementos visuales, sin perder el ritmo.

Diseñar para la visibilidad y el impacto

Al diseñar ayudas visuales, siempre busca claridad e impacto. Esto comienza por asegurarte de que cada elemento en tu diapositiva o video sea visible para toda la audiencia, sin importar su ubicación en el lugar. Usa fuentes grandes y legibles, además de esquemas de colores con alto contraste que se distingan incluso desde el fondo de una sala amplia o en pantallas pequeñas para quienes asistan de forma virtual. La simplicidad es clave: enfoca cada ayuda visual en una sola idea principal y deja suficiente espacio en blanco para que cada componente, ya sea texto, imagen o gráfico, se destaque y capte la atención.

El impacto de tus elementos visuales también depende en gran medida de su diseño. Utiliza imágenes de alta calidad y plantillas profesionales que reflejen la seriedad y el tema de tu exposición. Herramientas como *"Canva"* o *"Adobe Spark"* ofrecen interfaces fáciles de usar y una variedad de opciones de diseño que pueden mejorar significativamente la apariencia de tu presentación. Además, al trabajar con visualización de datos, elige gráficos y tablas de fácil interpretación. Los gráficos de barras, gráficos de líneas y gráficos circulares deben estar claramente etiquetados, con leyendas y títulos que ayuden a la audiencia a comprender rápidamente lo que se muestra. Recuerda que el objetivo de cada visual es mejorar la comprensión, no abrumar ni confundir.

Elementos interactivos

Captar la atención de tu audiencia va más allá de solo transmitir información; se trata de hacerlos parte de la conversación. Incluir elementos interactivos en tus ayudas visuales puede transformar a oyentes pasivos en participantes activos. Considera incorporar encuestas o preguntas en vivo durante tu presentación, utilizando herramientas como *"Poll Everywhere"* o *"Google Forms"*, que permiten a los asistentes enviar sus respuestas en tiempo real. Muestra estos sondeos como parte de tus diapositivas y comenta los resultados en directo, convirtiendo lo que podría haber sido un monólogo en una discusión grupal dinámica.

Incluir enlaces que el público seleccione dentro de tu presentación también puede enriquecer tus ideas, permitiendo que quienes estén interesados exploren información o recursos adicionales a su propio ritmo. Esto resulta especialmente efectivo en presentaciones virtuales, donde los asistentes pueden interactuar directamente con el contenido desde sus dispositivos. Además, integrar elementos interactivos como cuestionarios o ejercicios de resolución de problemas puede revitalizar a tu audiencia, especialmente en entornos educativos o de capacitación, haciendo que tu presentación sea más memorable e impactante.

Ensayar con medios visuales

Practicar tu discurso junto con tus elementos visuales es tan importante como cualquier otro aspecto de tu preparación. Este ensayo debe reproducir el entorno de la presentación real lo más fielmente posible. Si es posible, practica en la misma sala y con el mismo equipo que utilizarás el día de la presentación. Revisa tus diapositivas y prueba cualquier elemento interactivo para asegurarte de que funcione correctamente. Este ensayo no solo te ayudará a ajustar el tiempo al cambiar de visuales, sino que también aumentará tu confianza en el manejo de la tecnología, garantizando que durante la presentación real tu atención se centre en transmitir un mensaje poderoso.

Mientras ensayas, asegúrate de prestar atención a cómo se integran cada una de las ayudas visuales en tu narrativa. ¿Hay momentos en los que los visuales pueden distraer en lugar de realzar? ¿Existen puntos donde los elementos visuales podrían reforzar aún más tu mensaje? Puedes utilizar esta información para ajustar tus recursos visuales hasta que complementen perfectamente tus palabras, asegurándote de que cada elemento de tu presentación esté alineado para captar y persuadir a tu audiencia.

MANEJO DE PROBLEMAS TÉCNICOS DURANTE LAS PRESENTACIONES

Cuando estés frente a la audiencia, listo para compartir tus ideas o historias, lo último que deseas es que un contratiempo técnico distraiga la atención del público. Es como ser un chef en una cocina ajetreada: si un aparato falla sin un plan de respaldo, todo el servicio de cena puede verse afectado. Por eso, contar con una red de seguridad sólida ante fallos técnicos no es solo una medida prudente; es esencial para garantizar que tu presentación transcurra sin contratiempos, sin importar las circunstancias.

Preparación y planes de emergencia

Comencemos con lo básico: siempre debes tener un respaldo de tu presentación. Esto implica guardarla en varios dispositivos, como una memoria USB o tu computadora portátil, e incluso tener una versión accesible en línea en la nube (como *"Google Drive"* o *"Dropbox"*). Esta variedad asegura que no te quedarás sin opciones si un dispositivo falla. Pero vayamos más allá de solo tener múltiples copias; considera también tener versiones alternativas de tu presentación. Por ejemplo, si tu presentación principal incluye videos o animaciones complejas que podrían no funcionar bien en todos los sistemas, o tienes una mala conexión a internet, contar con una versión estática y más sencilla puede ser la solución. Este respaldo simplificado puede no tener todos los elementos llamativos, pero transmitirá tu mensaje principal de manera efectiva, que es lo que realmente importa.

Soluciones rápidas a problemas comunes

Familiarizarte con los problemas técnicos comunes y saber cómo resolverlos rápidamente también puede reducir significativamente el estrés el día de la presentación. Por ejemplo, verificar las conexiones de los cables es un buen primer paso si un proyector no muestra tu presentación correctamente. A menudo, simplemente desenchufar y volver a enchufar puede solucionar el problema. Si enfrentas problemas de audio, verifica que la configuración de salida en tu dispositivo coincida con la instalación del salón o auditorio. La falta de sonido puede ser tan simple como que el conector de audio no esté completamente conectado o que el volumen esté demasiado bajo, ambos fácilmente solucionables en la mayoría de los casos. Para problemas de conectividad, especialmente en lugares que dependen de Wi-Fi, tener un punto de acceso personal como respaldo puede ser un salvavidas, asegurando un acceso continuo a internet si la red del lugar se vuelve inestable.

Entrenamiento para la resolución de problemas

Por más de que te prepares cuidadosamente, siempre pueden surgir problemas nuevos e inesperados. Es aquí donde un conocimiento básico de resolución de problemas se vuelve invaluable. Invertir tiempo en aprender sobre el equipo técnico común utilizado en presentaciones, como proyectores, micrófonos y altavoces, puede capacitarte para manejar problemas menores de manera independiente. Existen muchos recursos y tutoriales en línea que pueden guiarte en lo básico de la resolución de problemas tecnológicos. Además, antes de tu presentación, tómate un momento para familiarizarte con la configuración específica del lugar. Comprender cómo operar el sistema audiovisual puede hacerte más autosuficiente y menos dependiente del soporte técnico en el sitio, que puede no estar siempre disponible.

Ayuda profesional

En algunas situaciones, es necesaria la ayuda de un profesional. Si te encuentras con un problema técnico importante que no puedes resolver, saber cuándo y cómo obtener ayuda profesional de forma rápida es fundamental. Antes del evento, identifica a la persona encargada del soporte técnico en el lugar y preséntate. Tener un contacto directo con alguien que pueda ayudar en casos complejos puede reducir la posibilidad de entrar en pánico. Para presentaciones de alto nivel, especialmente en lugares grandes o desconocidos, es recomendable solicitar un ensayo técnico o, al menos, llegar con antelación suficiente para probar todo el equipo con el apoyo del equipo técnico. Este enfoque preventivo te permite anticipar posibles problemas antes de que afecten tu presentación y establecer una buena relación con quienes podrían ser tu apoyo en una emergencia técnica.

Manejar las dificultades técnicas con serenidad y preparación las convierte en simples contratiempos en lugar de desastres. Al contar con planes de respaldo sólidos, familiarizarte con soluciones rápidas, invertir en conocimientos básicos de resolución de problemas y saber cuándo recurrir a los expertos, preparas el escenario para una presentación fluida, permitiendo que tu mensaje y profesionalismo brillen. Recuerda que la tecnología debe realzar tu presentación, no opacar tu mensaje. Con la preparación adecuada, incluso un problema técnico considerable puede ser una oportunidad para demostrar tu calma, ingenio y enfoque, dejando a tu audiencia impresionada con tus ideas y tu capacidad para manejar la adversidad.

MEJORAR TUS PRESENTACIONES CON LAS REDES SOCIALES

Imagina que te estás preparando para una presentación y, en esta ocasión, deseas ampliar el alcance e impacto de tu mensaje más allá de las paredes de la sala de conferencias. Aquí es donde las redes sociales entran en juego, no solo como herramienta promocional, sino como parte integral de tu estrategia de presentación. Integrar redes sociales puede transformar una presentación convencional en una interacción dinámica que capte tanto a tu audiencia presencial como a quienes te siguen en línea. Veamos cómo puedes incorporar las redes sociales en cada fase de la presentación para amplificar tu mensaje y profundizar en el compromiso con tu audiencia.

La integración de redes sociales comienza mucho antes de mostrar la primera diapositiva. Al publicar en tiempo real puntos clave de tu próxima presentación o usar un *"hashtag"* exclusivo para agrupar las conversaciones previas al evento, invitas a la audiencia a la conversación desde el inicio. Esta estrategia no solo genera expectativas, sino que también te proporciona información valiosa sobre los temas de mayor interés, lo que te permite ajustar tu contenido según las preguntas y comentarios recibidos. Utiliza plataformas como *"Twitter"*, *"LinkedIn"* o incluso *"Instagram"* para compartir adelantos o preguntas provocativas relacionadas con tu tema. Anima a tus seguidores a usar el *"hashtag"* del evento al comentar estos contenidos, lo que fomenta una comunidad alrededor del tema de tu presentación y mantiene la conversación organizada y accesible a nuevos participantes.

Generar entusiasmo antes del evento no solo se trata de promoverlo; también implica crear una ola de interacción que alcance su punto máximo cuando subas al escenario. Comparte contenido exclusivo mientras te preparas, como el montaje del lugar o la revisión final de tus diapositivas. Este pantallazo detrás de escena hace que tu audiencia sienta que forma parte del proceso y establece una conexión personal antes de que hayas comenzado a hablar. A medida que se acerca el evento, aumenta tu actividad en redes sociales. Programa sesiones en vivo en plataformas como *"Facebook Live"* o *"Instagram Live"* para hablar sobre tu presentación, responder preguntas previas y ofrecer un adelanto de lo que los asistentes pueden esperar. Esto mantiene el interés activo y puede atraer a participantes de última hora, motivados por el entusiasmo y la interacción que observan en línea.

Después del evento, la conversación no tiene por qué terminar. Las redes sociales ofrecen una excelente plataforma para seguir interactuando con tu audiencia. Comparte puntos clave, resúmenes del evento o incluso grabaciones completas de tu presentación para aquellos que no pudieron asistir o deseen repasar ciertos temas. Anima a tu audiencia a compartir sus impresiones o cómo planean aplicar lo aprendido. Esta interacción continua extiende la vida útil de tu contenido y refuerza tu reputación como un presentador accesible y comprometido con el aprendizaje y desarrollo de tu audiencia. Además, responder activamente a preguntas o comentarios después del evento te brinda la oportunidad de recibir retroalimentación valiosa que puede ser de gran ayuda para futuras presentaciones.

Incorporar redes sociales en tus presentaciones transforma los discursos tradicionales en eventos interactivos y atractivos que resuenan tanto en la audiencia presente como en línea. Al aprovechar estas plataformas de manera efectiva, no solo amplías el alcance y el impacto de tu mensaje, sino que también creas una comunidad vibrante de oyentes interesados en aprender e interactuar contigo. Ya sea generando expectativa antes del evento o manteniendo la conexión después del mismo, las redes sociales enriquecen la experiencia de la presentación, haciendo que sea más dinámica, accesible e impactante.

PRESENTACIONES VIRTUALES: CÓMO ATRAER A AUDIENCIAS REMOTAS

En el mundo interconectado de hoy, la capacidad de comunicarte eficazmente a través de plataformas digitales no es solo una habilidad, sino un elemento esencial para alcanzar y conectar con audiencias que quizás nunca pisen la misma sala que tú. Las presentaciones virtuales ofrecen oportunidades únicas para ampliar tu alcance, pero también presentan desafíos, especialmente cuando se trata de mantener la atención de un público remoto. Para navegar este entorno, necesitarás contar con las herramientas y estrategias adecuadas.

La elección de herramientas para presentaciones virtuales influirá considerablemente en el nivel de interacción que puedas lograr. Plataformas como *"Zoom"*, *"Microsoft Teams"* y *"Google Meet"* se han vuelto habituales, ofreciendo funciones como compartir pantalla, fondos virtuales y chats integrados, que resultan invaluables para mantener una apariencia profesional y un diálogo interactivo. Para presentaciones más dinámicas, programas como *"Adobe Connect"* o *"Cisco WebEx"* brindan características avanzadas, como salas de trabajo en grupo y seminarios web bajo demanda, ideales para adaptarse a distintos tamaños de audiencia y fomentar la participación mediante discusiones en pequeños grupos o acceso prolongado a tu contenido. La clave está en adaptar la herramienta a las necesidades de tu presentación: considera factores como el tamaño de la audiencia, el nivel de interacción deseado y la complejidad de tu contenido. Cada plataforma tiene sus ventajas, así que elige aquella que se alinee con tus objetivos específicos y las expectativas de tu audiencia.

Mantener la atención de un público remoto exige más que solo exponer tu contenido; requiere un esfuerzo activo para captar su interés y motivarlos a participar. Una técnica efectiva es diseñar tu presentación para incluir interacciones regulares. Esto puede ser tan sencillo como hacer preguntas en momentos estratégicos, lo que no solo fomenta la interacción, sino que también ayuda a dividir tu presentación en segmentos más manejables. Incluir elementos multimedia, como videos o animaciones, también puede captar y mantener la atención de manera más eficaz que las diapositivas estáticas. Otro método es integrar dinámicas de juegos, consiste en emplear elementos típicos de los juegos, como puntuaciones, competencias o reglas, para enriquecer el valor educativo o de interacción de tu presentación. Herramientas como *"Kahoot!"* o *"Quizizz"* te permiten crear cuestionarios personalizados para que tu audiencia participe en tiempo real, haciendo que el aprendizaje sea divertido e interactivo. Estas técnicas son particularmente efectivas en un entorno virtual, donde se carece de señales físicas y de interacción cara a cara.

El éxito de tu presentación virtual depende también en gran medida de la calidad de tu audio y visuales. Un sonido deficiente o un video entrecortado pueden desviar la atención de tu mensaje y frustrar a tu audiencia, afectando la impresión profesional que deseas transmitir. Para evitarlo, invierte en un micrófono de buena calidad y asegúrate de que tu conexión a internet sea lo suficientemente estable y robusta para soportar la transmisión de video en alta calidad. Medidas simples, como ubicarte en un área bien iluminada, utilizar una cámara web externa en alta definición y minimizar el ruido de fondo, pueden mejorar considerablemente la claridad y profesionalismo de tu presentación. Recuerda que, en un formato virtual, tu presentación audiovisual es tan importante como el contenido en sí; refleja tu profesionalismo y tu respeto por el tiempo y la atención de tu audiencia.

Gestionar las preguntas y respuestas en un entorno virtual también requiere una atención especial. Las sesiones de preguntas y respuestas son fundamentales para la interacción, pero manejarlas de forma remota puede ser complicado debido a la falta de señales físicas y las posibles dificultades de comunicación digital. Para facilitar una interacción más fluida, utiliza funciones como los íconos de mano levantada o paneles de preguntas, donde los participantes puedan enviar sus inquietudes. Esto organiza la sesión y te permite controlar el ritmo y la fluidez de la interacción. Considera la posibilidad de contar con un moderador que gestione las preguntas y los aspectos técnicos de la sesión, permitiéndote enfocarte en dar respuestas detalladas. Siempre dirígete a los participantes por su nombre al responder sus preguntas, creando así una conexión más personal y reconociendo su aporte a la discusión. Este reconocimiento puede hacer que los participantes se sientan valorados y fomenten una mayor participación, mejorando la efectividad general de tu sesión de preguntas y respuestas.

Cada herramienta y técnica que emplees en presentaciones virtuales debe estar orientada a reducir la distancia física entre tu audiencia y tú, creando una experiencia interactiva y atractiva que mantenga su atención y resonancia. Al integrar cuidadosamente estos elementos en tu presentación, aseguras no solo la transmisión de tu contenido, sino también la participación activa y la satisfacción de tu audiencia, haciendo que tu presentación virtual sea un éxito rotundo.

GRABAR Y REVISAR TUS DISCURSOS PARA MEJORARLOS

Imagina que bajas del escenario, con el corazón aún acelerado por la adrenalina de tu presentación. Ahora, piensa en el poder de revivir ese momento, no solo en tu memoria, sino en un formato que te permita ver exactamente lo que tu audiencia vio. Grabar tus discursos no solo sirve para conservarlos; es una herramienta para crecer y perfeccionarte. Cada revisión se convierte en un peldaño hacia una versión más pulida y segura de ti mismo. Los beneficios de esta práctica son muchos. En primer lugar, te brinda una imagen clara de cómo te proyectas, desde tus gestos hasta tu lenguaje corporal. Con el tiempo, te permite ver tu progreso, brindándote una forma tangible de observar cuánto has avanzado y en qué aspectos aún puedes mejorar. Esta revisión constante puede ser una gran fuente de motivación, convirtiendo cada presentación en una oportunidad de desarrollo personal y profesional.

Al grabar, sin embargo, existen buenas prácticas que pueden mejorar considerablemente la calidad y utilidad de tus videos. La posición de la cámara es clave: colócala de forma que capture una vista frontal. Este ángulo es importante porque te permite evaluar tu interacción con la audiencia, sus reacciones y tu control del escenario. La iluminación también juega un papel crucial; asegúrate de estar bien iluminado, pero evita luces fuertes que puedan generar sombras o reflejos. En cuanto al sonido, considera usar un micrófono de solapa, que puede ofrecer un audio claro sin interferencias de ruido de ambiente. Estos consejos de configuración aseguran que tus grabaciones no solo sean visualmente agradables, sino que ofrezcan una representación clara y precisa de tu desempeño.

El análisis de estas grabaciones es donde empieza el verdadero trabajo. No se trata solo de verte a ti mismo, sino de realizar una evaluación crítica de cada aspecto de tu exposición. Fíjate en tu expresión vocal: ¿hay variaciones de tono y ritmo, o suena monótona? Observa tu lenguaje corporal: ¿tus movimientos son seguros y enfocados, o reflejan nerviosismo? No olvides los aspectos tecnológicos. Evalúa qué tan efectivamente utilizaste tus ayudas visuales u otros recursos tecnológicos. ¿Estuvieron bien integrados o distraían de tu mensaje? Y, por supuesto, observa la reacción de la audiencia. ¿Están cautivados o parecen distraerse? Este análisis te ayuda a identificar no solo áreas de mejora, sino también fortalezas, aspectos donde ya sobresales y en los que puedes seguir desarrollándote.

Compartir estas grabaciones para recibir retroalimentación añade una nueva perspectiva. Puedes elegir a mentores o colegas de confianza que comprendan el contexto de tus presentaciones. Sus opiniones externas pueden revelar áreas que tal vez no habías percibido y ofrecerte sugerencias que no se te habían ocurrido. Al compartir, sé específico sobre el tipo de retroalimentación que deseas, ya sea sobre el uso de recursos retóricos, la claridad de tus ayudas visuales o tu presencia escénica en general. Este enfoque dirigido garantiza que la retroalimentación sea precisa y aplicable, permitiéndote integrarla en tus futuras presentaciones.

Al adoptar la práctica de grabar, analizar y compartir tus discursos, inicia un camino de mejora continua. Cada paso, capturar tu actuación, evaluarla y buscar opiniones externas, construye sobre el anterior, formando un ciclo de desarrollo que eleva no solo tus habilidades de oratoria, sino también tu confianza e impacto como comunicador. Al integrar estas prácticas en tu rutina, descubrirás que cada presentación se convierte en algo más que una oportunidad de hablar; es un peldaño para convertirte en un expositor más efectivo y cautivador.

Al cerrar este capítulo sobre el uso de la tecnología en la oratoria, reflexionamos sobre el trayecto recorrido: desde la elección de las herramientas tecnológicas adecuadas, su integración efectiva en nuestras presentaciones, la solución de posibles problemas técnicos, el fomento de la participación a través de redes sociales, la adaptación a las demandas únicas de las presentaciones virtuales y, finalmente, el uso de grabaciones para perfeccionar nuestro trabajo. Cada sección ha significado un aporte a tu conjunto de herramientas, no solo para afrontar los retos de las presentaciones modernas, sino para sobresalir en ellas. El próximo capítulo abordará los matices del análisis de la audiencia, una habilidad esencial que te permitirá adaptar tus presentaciones para satisfacer las necesidades y preferencias específicas de tu audiencia, asegurando que tu mensaje no solo sea escuchado, sino que realmente genere un impacto.

7
SITUACIONES Y AUDIENCIAS ESPECIALES

*I*magina que estás en el aeropuerto, con tu tarjeta de embarque hacia un destino internacional en mano, listo para dar una conferencia magistral. Sientes ese conocido cosquilleo de emoción mezclado con nervios, no solo por hablar frente a una audiencia, sino por conectar con un público de otra cultura. Es como entrar a un baile en el que conoces los pasos básicos, pero no el ritmo local. Este capítulo es tu guía para no solo seguir el compás, sino también lograr una conexión profunda con audiencias internacionales, asegurando que tu mensaje no solo sea comprendido, sino que deje huella y trascienda las barreras culturales.

ADAPTAR TU DISCURSO A AUDIENCIAS INTERNACIONALES

Navegar por las sutilezas de la comunicación internacional va más allá de traducir tu discurso a otro idioma; requiere una inmersión profunda en la sensibilidad y la conciencia cultural. Cuando te diriges a una audiencia de una cultura diferente, estás ingresando a su mundo, y la responsabilidad de respetar y comprender las normas, valores y estilos de comunicación que prevalecen recae en ti. Por ejemplo, mientras que un tono directo y asertivo puede ser admirado en algunas culturas occidentales, puede percibirse como irrespetuoso o agresivo en sociedades más jerárquicas, donde la comunicación indirecta es la norma. Por lo tanto, una parte crucial de tu preparación es investigar estas dimensiones culturales. Sitios web como *"Hofstede Insights"* ofrecen herramientas que pueden ayudarte a analizar los valores culturales y los estilos de comunicación específicos de diferentes países. Esta comprensión puede ayudarte a adaptar no solo lo que dices, sino también cómo lo dices, asegurando que tu mensaje sea tanto respetuoso como efectivo.

El lenguaje y los modismos presentan desafíos únicos. La belleza de las expresiones idiomáticas radica en su capacidad para transmitir imágenes vívidas y emociones. Sin embargo, cuando se utilizan en un contexto cultural diferente, el significado puede perderse o, peor aún, malinterpretarse. Para garantizar claridad y mantener la integridad de tu mensaje, usa un lenguaje simple y directo, evitando jerga, términos coloquiales y expresiones idiomáticas que pueden no traducirse bien. En su lugar, opta por temas y relatos universales que resuenen entre diferentes culturas. Este enfoque asegura que tu audiencia te comprenda y ayuda a forjar una conexión más profunda, haciendo que tu discurso sea más memorable e impactante.

Trabajar con traductores o intérpretes suele ser indispensable al dirigirte a audiencias que no hablan tu idioma. Sin embargo, esta colaboración va más allá de la mera traducción; se trata de transmitir la esencia y la emoción de tu mensaje. Para facilitar esto, proporciona a tu traductor una copia de tu discurso con suficiente antelación, lo que le permitirá comprender y, si es necesario, consultar sobre matices o frases específicas. Al ofrecer tu discurso, recuerda hablar con claridad y marcar un buen ritmo. Hablar rápidamente puede ser un desafío para la interpretación simultánea, lo que puede llevar a que partes significativas de tu mensaje se pierdan. Un consejo útil es hacer pausas en puntos clave para permitir que el intérprete se ponga al día y que la audiencia asimile la información. Esto no solo ayuda a la comprensión, sino que también realza el impacto general de tu presentación.

Personalizar el contenido para reflejar problemas, intereses y contextos culturales locales es otra capa de adaptación que puede mejorar significativamente la relevancia y el compromiso de tu discurso. Esto implica integrar datos locales, ejemplos o casos de estudio que ilustren cómo tu tema se aplica al entorno específico de la audiencia. Por ejemplo, si hablas sobre iniciativas de energía renovable, citar proyectos locales exitosos o estadísticas puede hacer que tus argumentos sean más tangibles y cercanos a la audiencia. Además, demostrar conciencia y respeto por los problemas locales puede establecer tu credibilidad y ganar la simpatía de tu audiencia, haciendo que tu mensaje sea más persuasivo y efectivo.

Al elaborar tu discurso para una audiencia internacional, considera estas adaptaciones no como limitaciones, sino como oportunidades para ampliar tus horizontes y conectar con personas de todo el mundo. Con una preparación cuidadosa y sensibilidad hacia las sutilezas culturales, tu discurso puede trascender fronteras, dejando no solo una impresión, sino un impacto duradero. Recuerda que, en el corazón de la comunicación internacional efectiva, se encuentra un profundo respeto por la diversidad y un esfuerzo sincero por comprender y adaptarse un mundo más allá del propio.

¿CÓMO DIRIGIRSE A UN PÚBLICO HOSTIL O POCO RECEPTIVO?

A veces, a pesar de tus mejores preparativos e intenciones, te enfrentas a una audiencia que parece abiertamente hostil o desconectada. Imagínate esto: estás allí, tu corazón latiendo no solo por los nervios habituales, sino también porque te encuentras con miradas frías, ceños fruncidos de escepticismo o, peor aún, un mar de rostros desinteresados. Es difícil, ¿verdad? Pero aquí está el punto: estos momentos, aunque desafiantes, no son insuperables. De hecho, son oportunidades para perfeccionar tus habilidades en tiempo real, cambiar la situación a tu favor y dejar una impresión memorable por todas las razones correctas.

En primer lugar, analicemos las señales de hostilidad o desconexión. Es crucial captar estas señales al principio de tu presentación, ya que pueden guiarte para adaptar tu enfoque. La hostilidad puede manifestarse a través de interrupciones, preguntas desafiantes o incluso simplemente una actitud general de escepticismo marcada por brazos cruzados y ceños fruncidos. La desconexión, por otro lado, a menudo se manifiesta como falta de contacto visual, comportamientos distraídos o falta de participación. Reconocer estas señales te brinda un punto de partida para ajustar tu estrategia y conectar más efectivamente con tu audiencia.

Ahora, pasemos a las técnicas de desescalada. Cuando te enfrentas a la hostilidad, la reacción instintiva podría ser defender tu postura de manera agresiva; sin embargo, reconocer opiniones divergentes puede desactivar la tensión de manera más efectiva. Este enfoque muestra que respetas diferentes puntos de vista y estás abierto al diálogo, lo que puede suavizar la actitud de la audiencia. Por ejemplo, si alguien desafía un punto que planteas, intenta responder con: "Aprecio tu perspectiva y me alegra que lo hayas mencionado. Vamos a explorar esa idea un poco más". Esto no solo demuestra tu disposición para involucrarte, sino que también mantiene un ambiente constructivo. Cuando se utiliza con cuidado, el humor también puede aligerar el ambiente y romper barreras. Un chiste respetuoso en el momento justo puede cambiar el rumbo de una sala hostil. Aun así, ten en cuenta las sensibilidades culturales y contextuales para asegurar que tu intento de humor fomente la conexión en lugar de la alienación.

Involucrar a una audiencia desinteresada puede ser igual de complicado. Aquí, la clave es despertar la curiosidad y la participación. Cambia tu estilo de presentación o introduce un elemento inesperado para volver a captar su atención. Las actividades interactivas pueden ser particularmente efectivas. Por ejemplo, plantear una pregunta provocativa e invitarlos a que respondan o incorporar una breve actividad grupal relevante puede volver a involucrar mentes distraídas. Cambiar el ritmo o el volumen de tu presentación también puede atraer la atención de nuevo hacia ti. Recuerda, el compromiso es una calle de doble vía; a veces, debes reavivar esa chispa de manera activa.

Mantener el profesionalismo y la compostura en todo momento es vital, sin importar cuán difícil se ponga la audiencia. Tu capacidad para permanecer sereno bajo presión refleja tu madurez como presentador y establece el tono para toda la sala. Controla tus expresiones faciales y tu lenguaje corporal para transmitir calma y confianza. Mantén un tono uniforme y gestos medidos para proyectar control. Si pareces alterado o a la defensiva, podría desconectar o antagonizar aún más a tu audiencia. Una actitud serena puede ayudar a estabilizar la energía de la sala, mostrando que no te dejas afectar y que estás preparado, lo que a menudo puede llevar a la audiencia a reflejar tu compostura.

Al enfrentar estas situaciones desafiantes, recuerda que tu objetivo no es solo concluir tu presentación, sino conectar con tu audiencia, llevarlos a tu perspectiva o, al menos, abrir un diálogo constructivo. Sin importar lo intimidante que sea, cada oportunidad de hablar es una ocasión para crecer y perfeccionar tus habilidades. Así que respira hondo, reconoce el desafío y avanza con la confianza de que tienes las herramientas para cambiar la situación. Después de todo, los discursos más memorables a menudo transforman el escepticismo en creencia y el desinterés en compromiso.

TÉCNICAS PARA ATRAER A UN PÚBLICO NUMEROSO

Cuando te encuentras frente a una gran audiencia, la dinámica de la participación puede sentirse muy diferente en comparación con un grupo más pequeño. Hay una energía palpable, un ambiente vibrante que puede aprovechar para crear una experiencia inolvidable tanto para ti como para tu público. Exploremos estrategias que pueden ayudarte a conectar eficazmente con cada persona, incluso si solo es una más entre cientos o miles.

Estructurar tu contenido con claridad y eficacia es fundamental al dirigirte a grandes audiencias. Tus puntos principales deben ser completamente claros, ya que pueden perderse fácilmente en la vastedad de un gran recinto. Utilizar elementos visuales impactantes puede ayudar a resaltar estos puntos. Usa diapositivas con texto conciso y audaz, junto con imágenes de alto impacto que subrayen tus mensajes principales. Repetir los puntos clave es otra técnica efectiva; asegura que tu mensaje sea recordado incluso después de que tu discurso haya concluido. Piensa en ello como dejar migas de pan a lo largo de tu presentación que te guíen de vuelta al mensaje central. Además, las transiciones entre los diferentes segmentos de tu presentación deben ser suaves y lógicas. Esto mantiene a la audiencia enfocada y ayuda a seguir tu narrativa sin perderse. Una presentación bien estructurada actúa como un mapa para tu audiencia, guiándola a través de tu contenido sin confusiones.

Amplificar tu voz y presencia en un gran recinto va más allá de simplemente hablar en voz alta. Implica el uso de tecnología, como micrófonos y sistemas de altavoces, para asegurar que tu voz se escuche en todo el espacio sin esfuerzo. Pero no se trata solo del volumen; se trata de tu forma de expresarte. Practicar tu discurso enfocándote en la proyección y claridad puede hacer una gran diferencia. Habla desde el diafragma para darle a tu voz fuerza y resonancia. Esto no solo ayuda con la audibilidad, sino que también le aporta a tu voz una confianza que puede dominar un gran espacio. La presencia escénica es igualmente importante. Usa el escenario de manera efectiva: muévete para involucrar diferentes partes de la audiencia, haz contacto visual con varias secciones y utiliza gestos lo suficientemente amplios para ser vistos desde la parte trasera de la sala. Estas acciones ayudan a crear una conexión con tu público, haciendo que incluso la última fila se sienta involucrada e incluida.

Manejar sesiones de preguntas y respuestas en grupos grandes puede ser intimidante, pero se puede manejar con las técnicas adecuadas. Utilizar un moderador puede simplificar el proceso, ayudando a canalizar las preguntas y mantener el flujo de la sesión. Esto puede ser particularmente útil en un gran recinto, donde manejar un micrófono o atender múltiples preguntas simultáneamente puede volverse complicado. Asegúrate de que las preguntas se repitan o se muestren en pantalla para que todos puedan oír y ver, manteniendo a todos en la misma sintonía y haciendo que la sesión sea más inclusiva. Al responder, trata de conectar tus respuestas con tus puntos principales, reforzando los mensajes centrales de tu presentación. Esto no solo responde a la pregunta inmediata, sino que también fortalece el impacto general de tu discurso.

En entornos de grandes audiencias, el desafío no es solo hablar, sino resonar: alcanzar y tocar al individuo en cada asiento, haciendo que se sienta visto, oído y comprometido. Al integrar tecnología interactiva, estructurar tu contenido con claridad y eficacia, amplificar tu voz y presencia, y gestionar sesiones interactivas de manera efectiva, puedes transformar un desafío intimidante en una oportunidad dinámica. Cada técnica no solo mejora la participación, sino que también asegura que tu mensaje sea transmitido con la claridad y el impacto que tales ocasiones requieren.

ADAPTAR UN DISCURSO A OCASIONES ESPECIALES

Cuando te invitan a hablar en una ocasión especial, ya sea una alegre recepción de boda, un solemne servicio conmemorativo o una prestigiosa ceremonia de premiación, la responsabilidad es profunda. Cada uno de estos eventos conlleva un conjunto de expectativas, matices emocionales y una atmósfera única. Comprender completamente la ocasión es tu primer paso para ofrecer un discurso que no solo resuene, sino que también potencie la importancia del evento. Se trata de más que simplemente transmitir un mensaje; es sobre entrelazar tus palabras en el tejido de la ocasión, convirtiéndolas en una parte integral de la celebración o conmemoración.

En primer lugar, es crucial entender el propósito y las expectativas del evento. Cada tipo de ocasión especial tiene un propósito diferente y, por lo tanto, requiere un enfoque distinto. Por ejemplo, en una boda, tu discurso debe celebrar el camino de la pareja, desearles lo mejor y ofrecer algunos consejos ligeros. En contraste, un discurso en un funeral debe honrar la memoria del fallecido, ofrecer consuelo y, quizás, compartir recuerdos conmovedores. De igual manera, hablar en una ceremonia de premiación implica resaltar los logros de los homenajeados, reconocer su arduo trabajo e inspirar a otros hacia sus propios éxitos. Para comprender verdaderamente la ocasión, interactúa con los organizadores o anfitriones para captar el propósito más profundo del evento y lo que esperan lograr con tu discurso. Este entendimiento te permitirá elaborar tu mensaje de manera que se alinee con el tono y los objetivos generales del evento.

Elegir el tono y el contenido apropiados implica un delicado equilibrio. Es esencial que el tono de tu discurso coincida con el ambiente emocional del evento. Para ocasiones de celebración, como bodas o cumpleaños, es adecuado un tono ligero y alegre, con un contenido que eleve y entretenga. Para ocasiones más solemnes, es necesario un tono respetuoso y sincero, centrado en un contenido significativo que resuene a un nivel emocional más profundo. La clave es alinear tus palabras con los sentimientos y expectativas de tu audiencia: celebra con ellos en sus alegrías, comparte su duelo en las tristezas y honra sus logros en su reconocimiento. Esta alineación emocional no solo realza la relevancia de tu discurso, sino que también profundiza la conexión de la audiencia con el mensaje que estás transmitiendo.

Incorporar toques personales en tu discurso puede amplificar significativamente su impacto. Estos pueden ser anécdotas, citas o referencias significativas para ti y tu audiencia. Por ejemplo, si hablas en la fiesta de jubilación de un amigo, compartir una historia memorable de sus experiencias juntos puede añadir un toque personal que enriquezca el discurso. Estos elementos individuales hacen que tu mensaje sea más accesible y sincero, asegurando que resuene de manera más profunda con la audiencia. También añaden una capa de autenticidad y honestidad a tus palabras, haciendo que tu discurso no solo sea escuchado, sino también sentido.

Las consideraciones prácticas también son fundamentales para garantizar el éxito de tu discurso. Estas incluyen el tiempo, la adherencia a las reglas específicas del lugar y la alineación con las expectativas de la audiencia. Es crucial cronometrar tu discurso adecuadamente, asegurándote de que no sea demasiado largo para causar desinterés ni demasiado corto para parecer insignificante. Además, entender las normas del lugar, como restricciones sobre equipos audiovisuales o limitaciones de tiempo, es esencial para evitar sorpresas de último momento que puedan interrumpir tu presentación. Por último, adaptar tu discurso para que se ajuste a la demografía cultural, de edad o profesional de la audiencia, asegura que tu mensaje sea accesible y atractivo para todos los asistentes. Esto podría significar simplificar un lenguaje complejo, utilizar referencias culturalmente relevantes o ajustar tu humor para adecuarte a la sensibilidad de la audiencia.

Al concluir este capítulo sobre la adaptación de discursos para ocasiones especiales, recuerda que la efectividad de tu discurso radica en tu capacidad para combinar sinceridad con relevancia. Al comprender la ocasión, elegir el tono y contenido apropiados, incorporar toques personales y considerar aspectos prácticos, puedes elaborar discursos que no solo marquen la importancia de momentos memorables, sino que también los enriquezcan, dejando una impresión duradera en todos los presentes. A medida que avances, lleva estas ideas a cada oportunidad de hablar, permitiendo que te guíen en la creación de experiencias memorables e impactantes a través de tus palabras.

En el próximo capítulo profundizaremos en las técnicas avanzadas para una entrega efectiva del discurso. Aquí exploraremos estrategias matizadas para elevar tus habilidades de oratoria a nuevas alturas, asegurando que cada palabra que pronuncies sea impactante y cautivadora.

8

ESTRATEGIAS DE ORATORIA DE NIVEL SUPERIOR

*I*magina que estás pintando un paisaje. Cada trazo de tu pincel aporta más profundidad y textura al lienzo, convirtiendo una hoja en blanco en una escena vibrante que atrae al espectador. Ahora, piensa en tu trayectoria en la oratoria como esa obra de arte en evolución. Cada discurso, cada interacción con la audiencia y cada comentario que recibes añaden capas a tus habilidades, convirtiéndote en un orador más convincente y seguro. En este capítulo, nos adentraremos en el mundo matizado de la autoevaluación y la mejora continua, equipándote con herramientas para refinar tu técnica de oratoria de manera sistemática. Comencemos por entender por qué la autoevaluación regular es fundamental para tu crecimiento como orador.

MEJORA CONTINUA A TRAVÉS DE LA AUTOEVALUACIÓN

Enfatizar el rol de la autorreflexión

El camino hacia la excelencia en la oratoria es continuo, y la autoevaluación regular es tu brújula. Piensa en la última vez que hablaste frente a una audiencia. Independientemente de cómo te fue, sin duda hubo momentos de los que te sentiste orgulloso y otros en los que deseaste mejorar. Ahí es donde la autoevaluación se vuelve invaluable. Al evaluar críticamente tus presentaciones, identifica no solo lo que necesitas mejorar, sino también las técnicas que funcionan bien para ti. Este proceso de introspección y evaluación de tus habilidades no se trata solo de corregir errores; se trata de reconocer y reforzar las prácticas efectivas que resuenan con tu audiencia.

La autoevaluación también ayuda a establecer objetivos realistas y personales para cada presentación. Por ejemplo, si el ritmo fue un problema en tu último discurso, tu próximo objetivo puede ser enfocarte en entregar tus puntos de manera más deliberada. O, si la participación de la audiencia fue menor de lo esperado, podrías explorar nuevas formas de interactuar con tus oyentes. Considera estos objetivos como desafíos personales: oportunidades para ampliar tus límites y explorar nuevas técnicas. A medida que continúes reflexionando y ajustando, encontrarás tu voz y estilo únicos, indispensables para hacer que tus discursos sean verdaderamente impactantes.

Creación de un marco de autoevaluación

Para sistematizar tu autoevaluación, desarrolla un marco estructurado. Este marco debe abarcar aspectos críticos de tus presentaciones: claridad de la comunicación, participación de la audiencia, estilo de presentación y cumplimiento de los límites de tiempo. Comienza por hacerte algunas preguntas específicas después de cada discurso.

- **Claridad en la comunicación**: ¿Articulé de forma correcta los puntos principales? ¿Hubo alguna parte de mi discurso que confundió a la audiencia?
- **Participación de la audiencia**: ¿Que tan receptiva fue la audiencia? ¿Logré captar su atención durante toda la presentación?
- **Estilo de presentación**: ¿Logré controlar la modulación de mi voz, mis gestos y presencia escénica? Estos elementos, ¿Potenciaron mi mensaje o fueron una distracción?
- **Cumplimiento de los tiempos**: ¿Utilicé efectivamente el tiempo que me fue proporcionado o excedí mi límite de tiempo?

Después de cada evento en el que participes como orador, aborda estas preguntas en un diario o documento digital. Anotar tus reflexiones no solo ayuda a retener estas ideas, sino que también te permite seguir tu progreso a lo largo del tiempo.

Uso de la tecnología para la autoevaluación

En la era digital actual, la tecnología ofrece herramientas poderosas para mejorar tu proceso de autoevaluación. Existen numerosas aplicaciones y diferentes programas que pueden ayudarte a grabar, reproducir y analizar tus presentaciones. Por ejemplo, grabar en video te permite observar tu lenguaje corporal y las reacciones del público, brindándote una visión más clara de tu estilo al presentar y su efectividad. Presta atención a las aplicaciones que ofrecen funciones como el control de velocidad de reproducción, lo que te permitirá centrarte en segmentos específicos de tu presentación para evaluar y mejorar tu ritmo y modulación.

Además, considera utilizar software de análisis del habla que pueda medir tu velocidad, tono, volumen e incluso la frecuencia de palabras de relleno o muletillas. Estas herramientas proporcionan datos cuantitativos que pueden ser muy útiles para refinar tus habilidades de comunicación. Por ejemplo, si notas un patrón recurrente de muletillas al cambiar de un tema a otro, podrías trabajar en transiciones más fluidas y practicar esos cambios de manera más rigurosa.

Al integrar estas herramientas tecnológicas en tu marco de autoevaluación, obtendrás una devolución objetiva y detallada que puede guiar tus sesiones de práctica y ayudarte a enfocarte en áreas específicas para mejorar. Recuerda que el objetivo aquí no es criticar cada pequeña imperfección, sino reconocer patrones y tendencias que puedan perjudicar tu desarrollo como comunicador.

Incorporar una autoevaluación regular en tu práctica no solo se trata de corregir debilidades; es también celebrar fortalezas y mejorar continuamente tus habilidades. A medida que te vuelvas más hábil en evaluar tus actuaciones, mejorarás tu entrega y profundizarás tu conexión con el público, convirtiendo cada intervención en una oportunidad para involucrar, inspirar y dejar un impacto duradero en ellos.

TÉCNICAS AVANZADAS DE RESPIRACIÓN PARA CONTROLAR LOS NERVIOS

Hablemos de una herramienta simple pero profunda en tu conjunto de habilidades para hablar en público: tu respiración. Respirar no solo te mantiene vivo; también puede ser tu mejor aliado para manejar la ansiedad antes y durante una presentación. Imagina poder calmar tu corazón acelerado en cuestión de momentos solo con cambiar la forma en que respiras. Suena casi mágico, pero está respaldado por la ciencia. Hablamos anteriormente de la técnica de respiración 4-7-8; ahora, llevémosla un paso más allá. Los ejercicios de respiración profunda, específicamente la respiración diafragmática, pueden reducir significativamente los síntomas físicos de los nervios e incluso mejorar la proyección y claridad de tu voz.

La respiración diafragmática, a menudo llamada "respiración abdominal," implica involucrar completamente el gran músculo en la base de tus pulmones. A diferencia de la respiración superficial en el pecho, que puede aumentar la ansiedad, respirar desde el diafragma promueve la relajación y la estabilidad. Aquí te explico cómo puedes practicar esta técnica.

Primero, encuentra un asiento cómodo o ponte de pie con los pies ligeramente separados. Coloca una mano en tu pecho y la otra sobre tu abdomen. A medida que inhales lentamente por la nariz, concéntrate en hacer que tu abdomen suba más que tu pecho. Esto asegura que estés utilizando tu diafragma. Luego, exhala lentamente por la boca, sintiendo cómo desciende tu abdomen. La clave aquí es el ritmo; intenta que tu inhalación dure aproximadamente cuatro segundos, mantén el aire por un momento y luego exhala durante unos seis segundos. Esta respiración controlada ayuda a reducir la respuesta de "lucha o huida", calmando tus nervios y preparando tu voz y cuerpo para hablar.

Integrar esta técnica de respiración en tu rutina de preparación puede transformar la forma en que te enfrentas al escenario. Considera reservar unos minutos para practicar la respiración diafragmática antes de comenzar a repasar tu discurso. Esto ayuda a calmar los nervios iniciales y establece un tono enfocado y sereno para tu sesión de práctica. Hazlo un ritual, algo que hagas cada vez que vayas a hablar. Con el tiempo, esta práctica le indicará a tu cuerpo y mente que es momento de entrar en un estado de calma y alerta, listo para interactuar con tu audiencia.

La respiración también juega un papel crucial en cómo presentas tu discurso. La respiración controlada puede ayudarte a dominar la variedad vocal, un elemento crítico para mantener la atención de tu audiencia. Al controlar tu respiración, podrás manejar más fácilmente tu ritmo, hacer pausas efectivas y enfatizar puntos clave sin tropezar ni apresurarte. Por ejemplo, antes de expresar un punto particularmente importante, podrías tomar una respiración un poco más profunda y luego usar la exhalación para ayudar a regular tu ritmo, asegurando que tus palabras tengan peso e impacto. Esta técnica no solo te ayudará a mantener la atención de tu audiencia, sino que también hará que tu mensaje sea más memorable.

Durante tu discurso, también puedes emplear técnicas de respiración rápidas y discretas para mantener tu compostura y control. El uso estratégico de pausas es un aliado natural aquí. Cada vez que transiciones entre puntos significativos o cuando formules una pregunta retórica, usa esa breve pausa no solo como efecto dramático, sino también como una oportunidad para respirar. Esto ayuda a mantener tu resistencia y a que tu voz se mantenga clara. También te brinda un momento para evaluar la reacción de la audiencia y ajustar tu presentación si es necesario. Estas breves pausas son tus momentos para respirar, una oportunidad para recargar energías en medio de la presentación, asegurando que te mantengas sereno y en control de principio a fin.

Al adoptar estas estrategias avanzadas de respiración, transformas la respiración de una simple necesidad biológica en una poderosa herramienta que potencia tu desempeño al hablar en público. Con la práctica, estas técnicas se convierten en una segunda naturaleza, permitiéndote aprovechar todo el potencial de tu voz y presentar discursos con confianza y claridad. Recuerda, cada respiración que tomas no es solo una inhalación de aire; es una oportunidad para calmar tus nervios y amplificar tu mensaje, haciendo que cada palabra que pronuncies resuene más profundamente con tu audiencia.

APROVECHAR GRUPOS DE COLEGAS PARA LA PRÁCTICA CONTINUA

Transitar el camino hacia convertirte en un orador competente a menudo puede sentirse como una aventura en solitario, una búsqueda personal para superar tus miedos y encontrar tu voz. Sin embargo, imagine transformar este viaje en una aventura colaborativa, donde cuentas con el apoyo y la motivación de una comunidad de oradores, cada uno con sus perspectivas y experiencias únicas. Este es el poder del aprendizaje entre pares en el ámbito de la oratoria, un método dinámico que no solo acelera tu crecimiento, sino que también enriquece tu experiencia de aprendizaje con diversas visiones. Participar en grupos de pares o grupos de mastermind ofrece múltiples beneficios, siendo el más significativo el aprendizaje mutuo y el apoyo que estos grupos fomentan.

Cuando compartes tus experiencias de oratoria con compañeros, se abre a un mundo de retroalimentación constructiva y aliento. Evaluar tu desempeño en soledad es una cosa, pero tener a otros que lo observen y critiquen puede revelar aspectos que quizás hayas pasado por alto. Tus compañeros pueden ofrecer una nueva perspectiva y sugerir estrategias o técnicas a considerar. Por ejemplo, un miembro del grupo puede señalar una manera única de involucrar a su audiencia que podría resonar particularmente bien con tu estilo de presentación. Además, estos grupos suelen promover un ambiente de apoyo que hace que enfrentar los aspectos intimidantes de hablar en público sea menos abrumador. Saber que no estás solo en tus luchas puede ser increíblemente reconfortante, y celebrar los éxitos de cada uno crea una atmósfera motivadora que impulsa a todos a mejorar.

Encontrar o formar el grupo de pares adecuado puede influir significativamente en la utilidad de esta experiencia. Puedes comenzar buscando grupos existentes en tu comunidad. Los clubes locales de oradores, talleres para hablar en público o incluso organizaciones profesionales específicas suelen tener encuentros regulares. Si tales opciones no están disponibles para ti o si busca un grupo con características específicas, considera formar el tuyo propio. Contacta a colegas, compañeros de clase o incluso comunidades en línea que compartan tu interés en fortalecer sus habilidades de oratoria. Al crear un grupo, asegúrate de contar con una mezcla diversa de niveles de habilidad y experiencias oratorias para que los miembros puedan aprender unos de otros. También es fundamental establecer metas y expectativas claras para el grupo, como la frecuencia de las reuniones, el formato de las sesiones y el tipo de críticas que se proporcionarán, asegurando que todos los miembros estén alineados y obtengan el máximo valor de su participación.

Una vez que tengas tu grupo, organizar sesiones de retroalimentación estructuradas es vital para que las reuniones sean productivas. La estructura garantiza que cada sesión tenga un propósito claro y que todos los miembros tengan la oportunidad de hablar y recibir retroalimentación. Una sesión típica podría implicar que cada miembro realice un breve discurso seguido de una ronda de retroalimentación. En esta ronda, fomenta la especificidad; comentarios como "Me gustó tu discurso" son menos útiles que "Tu historia sobre la infancia fue cautivadora porque pintó una imagen clara que me ayudó a conectar con tu mensaje principal". Esta devolución detallada es indispensable para perfeccionar aspectos específicos de tu presentación. Además, considera rotar los roles de moderador y de controlador de tiempo en cada sesión para dar a cada miembro la oportunidad de desarrollar diferentes habilidades.

La inclusión de ejercicios de simulación puede mejorar dramáticamente la efectividad de tus sesiones de práctica grupales. Los escenarios de juegos de roles, como manejar preguntas difíciles, lidiar con interrupciones o gestionar problemas técnicos durante las presentaciones, pueden proporcionar experiencia práctica en un entorno de bajo riesgo. Por ejemplo, un miembro podría representar a un integrante de la audiencia que interrumpe continuamente al presentador, ayudando al orador a practicar la fortaleza de su compostura y el control de la sesión. Estas simulaciones no solo te prepararán para desafíos del mundo real, sino que también fomentarán tu adaptabilidad y el pensamiento rápido, cualidades que son invaluables en el escenario de la oratoria.

Interactuar regularmente con un grupo de pares transforma la tarea desalentadora de hablar en público en un desafío compartido, donde el crecimiento de cada miembro contribuye al éxito colectivo del grupo. Mejora tus habilidades de oratoria a través de retroalimentación estructurada, aprendizaje colaborativo y ejercicios prácticos, además de construir relaciones duraderas que enriquezcan tu vida personal y profesional. A medida que continúes reuniéndote y practicando con tus compañeros, descubrirás que el viaje para elevar tus habilidades de oratoria se vuelve más placentero y mucho menos intimidante, lleno de experiencias compartidas y logros colectivos que te impulsarán hacia el dominio del arte de la oratoria.

Aprovechar el poder de la narrativa para influir e inspirar

Desenvolvamos la magia de la narración, una herramienta tan antigua como la humanidad misma, pero tan fresca e impactante en los discursos actuales como lo fue alrededor de las fogatas en épocas pasadas. Contar historias no se trata solo de entretener; es una manera profunda de transmitir mensajes, despertar emociones y motivar cambios. Para elevar tu habilidad, considera integrar técnicas avanzadas como la narrativa no lineal, los bucles anidados y el uso estratégico de metáforas, cada una de las cuales aportará una textura y profundidad únicas a tus presentaciones.

La narrativa no lineal puede ser especialmente poderosa, permitiéndote transmitir un mensaje al conectar anécdotas o hechos aparentemente dispares que despiertan la curiosidad de tu audiencia y los mantienen intrigados sobre lo que podría venir a continuación. Esta técnica refleja la complejidad de nuestras propias vidas y decisiones. Al presentar historias fuera de orden cronológico o desde diferentes perspectivas, invitas a la audiencia a unir las piezas del rompecabezas narrativo, convirtiéndolos en participantes activos de tu presentación.

Los bucles anidados, otra técnica dinámica, implican comenzar una historia y luego "pausarla" para incluir una segunda o tercera historia antes de completar la primera. Este método genera suspenso y construye una profundidad emocional, ya que cada capa añade contexto a las demás. Cuando finalmente completas la historia inicial, el resultado está lleno de percepciones interconectadas que resuenan profundamente con los oyentes.

Las metáforas actúan como puentes poderosos entre lo familiar y lo desconocido, ayudando a las audiencias a comprender ideas complejas al relacionarlas con experiencias cotidianas. Una metáfora bien elegida puede iluminar un concepto de manera más vívida que una explicación literal. Por ejemplo, comparar la posición estratégica de una empresa con un juego de ajedrez proporciona una imagen clara y accesible de movimientos calculados y sacrificios estratégicos, mejorando la comprensión y retención del mensaje por parte de la audiencia.

Para conectar verdaderamente con tu audiencia, tus historias deben resonar a un nivel emocional. Elabora tus relatos con imágenes vívidas y detalles ricos que pinten una imagen sensorial, atrayendo a los oyentes a la escena. Desarrolla personajes que sean identificables y defectuosos, reflejando las luchas y triunfos reales que enfrenta tu audiencia. Y no tema incluir un arco dramático; introduce conflictos o desafíos que generen tensión y conduzcan a una resolución satisfactoria. Esto hace que tu historia sea más atractiva y refleja el viaje de transformación que estás promoviendo en tu discurso.

Combinar historias con contenido fáctico establece un equilibrio entre el compromiso emocional y la información. Permite una claridad conceptual, mejorando la persuasión y el impacto de tu discurso. Por ejemplo, si estás discutiendo el impacto del cambio climático, podrías compartir una anécdota personal sobre una comunidad afectada por fenómenos meteorológicos extremos, seguida de estadísticas relevantes sobre las tendencias climáticas. Esta mezcla de narrativa y datos pinta un panorama más completo que informa, conmueve y motiva a tu audiencia.

Para evaluar la efectividad de tu narración, puedes buscar activamente comentarios de tu audiencia. Esto puede ser tan simple como observar sus reacciones durante el discurso o tan estructurado como realizar encuestas posteriores al evento. También debes prestar atención a las redes sociales; los comentarios y compartidos pueden ofrecer información sobre qué partes de tu historia resonaron. Esta retroalimentación es extremadamente valiosa, ya que te muestra lo que funciona y te ayuda a perfeccionar tus técnicas narrativas para tener un impacto aún mayor en futuras presentaciones.

Al concluir esta exploración de la narración, recuerda que las historias que elijas contar y la forma en que las cuentes pueden influir profundamente en cómo se recibe y se recuerda tu mensaje. Ya sea a través de la complejidad de las narrativas no lineales, la profundidad emocional de los bucles anidados o la claridad proporcionada por metáforas apropiadas, tus historias son herramientas de transformación, no solo para tu audiencia, sino también para ti como orador. A medida que continúes incorporando estas técnicas en tus presentaciones, encontrarás que contar historias no es solo un arte, sino un poderoso medio de conexión y cambio.

A medida que cerramos este capítulo sobre el poder transformador de la narración, reflexiona sobre cómo estas técnicas pueden integrarse en tu próximo discurso para captar la atención, conmover corazones y motivar a la acción. El viaje a través del arte de hablar en público sigue desarrollándose, ofreciendo oportunidades infinitas para perfeccionar tu habilidad, conectar con audiencias y dejar un impacto duradero a través de tus palabras.

CONCLUSIÓN

Al concluir este viaje sobre cómo conquistar la ansiedad al hablar en público, tomémonos un momento para reflexionar sobre el camino que hemos recorrido juntos. Has recorrido un largo trecho desde esos primeros pasos temblorosos en el podio, lidiando con el reflejo de luchar o huir, hasta dominar el arte de contar historias y captar la atención de diversas audiencias. Recuerda cómo comenzamos con los fundamentos: entendiendo por qué hablar en público puede hacernos sentir escalofríos. ¡Y mira dónde estamos ahora, discutiendo estrategias avanzadas como el uso de la tecnología y la forma de manejar audiencias internacionales con soltura!

El trayecto de los nervios temblorosos a los discursos seguros no se traza en un día. Es un proceso que implica acumular habilidades, desde ejercicios de respiración profunda hasta técnicas retóricas sofisticadas. Hemos cubierto prácticas de mindfulness que ayudan a manejar los nervios, preparaciones estructuradas para construir discursos sólidos y maneras dinámicas de conectar con cada persona en la sala, ya sea a través del contacto visual o un chiste bien en el momento justo.

Una cosa es segura: este no es un libro de "léelo una vez y ya eres un experto". Superar la ansiedad al hablar en público y sobresalir en este arte requiere consistencia y práctica. Implica hacer de esas técnicas parte de tu rutina diaria, evaluar cada presentación y estar abierto a ajustar tu enfoque según la retroalimentación que recibas.

La belleza de hablar en público radica en su poder transformador. No se trata solo de realizar discursos o presentaciones exitosas; se trata de mejorar tu confianza personal y tu capacidad para influir, persuadir e inspirar a otros. Ya sea que te dirijas a una sala de juntas o a un salón de banquetes, las habilidades que desarrolles aquí van mucho más allá del escenario.

Te animo a que abraces tu voz única. Hay un poder en tu estilo personal que nadie más posee. Aprovecha eso. Ya sea que seas naturalmente ingenioso, intensamente analítico o cálidamente empático, tu voz auténtica es lo que realmente resonará con tu audiencia.

Ahora, no cierres este libro y lo dejes acumular polvo. Empieza a hablar, empieza a practicar. Únete a un club local de oratoria, asiste a talleres o comienza hablando de tu día de manera más expresiva con familiares y amigos. Cada pequeño paso es un gran avance para disminuir ese miedo y amplificar tu voz.

Finalmente, recuerda que todo maestro fue alguna vez un desastre. Todo orador seguro tuvo alguna vez nervios tan intensos que se podían oír a kilómetros de distancia. Pero aquí está la clave: comenzaron, tropezaron, aprendieron y crecieron. Y así ocurrirá contigo. Creo en ti, no solo para manejar tu ansiedad al hablar, sino para convertirla en tu fortaleza. Sal ahí fuera y habla. Habla con pasión, comunícate con claridad y habla con alegría. Cada discurso, sin importar su escala, es otro paso hacia el descubrimiento de tu voz y, quizás más importante, de ti mismo.

Así que respira hondo, súbete al podio y comparte tu historia. ¡El mundo está listo para escucharte!

SIN TÍTULO

¡Ayuda a otros a dominar su miedo al hablar en público!

Este puede ser un temor tan fuerte que te impida compartir tus ideas, asumir un rol de liderazgo o relacionarte y establecer contactos con otras personas.

Conozco bien esa sensación. Y si has llegado hasta esta página, ¡tú también la has experimentado! Este libro está dedicado a ayudar a personas enfocadas en sus objetivos, que tienen poco tiempo y se sienten inseguras al hablar en público, a superar esa ansiedad.

¡Me encantaría saber su opinión! Tu reseña puede ayudar a otros que compartan los mismos temores y necesiten un poco de orientación. Te agradecería si puedes tomarte un momento para dejar una reseña contándonos a mí y a otras personas cómo te ha ayudado este libro. ¡Tu opinión es muy valiosa y apreciada! Dirígete a Amazon y busca mi página de autora Beth Faulkner, o búscalo por el título *Domina tu ansiedad al hablar en público: Del pánico escénico al estrellato en simples pasos,* Beth Faulkner.

Enlace a Amazon: https://www.amazon.com/review/review-your-purchases/?asin= B0DCJSWK5Q

★★★★★

¡Gracias!

Beth ♡

BIBLIOGRAFÍA

"5 experiencias de presentaciones públicas en RV." https://www.linkedin.com/pulse/5-public-speaking-vr-experiences-echo3d.

"9 técnicas de narración que elevarán sus ventas." https://www.propellercrm.com/blog/storytelling-techniques.

"10 poderosos consejos sobre el lenguaje corporal para su próxima presentación." Presentaciones de vanguardia. https://www.csusm.edu/iits/services/ats/idesign/tool kits/body_language_tips.pdf

"30 formas de dominar la ansiedad al hablar | Servicio de Orientación Universitaria - División de Vida Estudiantil | Universidad de Iowa." https://counseling.uiowa.edu/news/2015/09/30-ways-manage-speaking-anxiety.

Anderson, Chris. "Como dar una presentación impactante." *Revista de negocios de Harvard*, 1ro de junio, 2013. https://hbr.org/2013/06/how-to-give-a-killer-presenta tion.

Robson, David. "Cinco técnicas científicas que ayudan a reducir la ansiedad." Nuevo científico. https://www.newscientist.com/article/mg26234852-300-five-scientific-ways-to-help-reduce-feelings-of-anxiety/.

Avery, Jill y Rachel Greenwald. "Un Nuevo Enfoque para Construir su Marca Personal." *Revista de negocios de Harvard*, 1ro de mayo, 2023. https://hbr.org/2023/05/a-new-approach-to-building-your-personal-brand.

"Beneficios de Unirse - Club de oradores de Houston | Donde se Forman Líderes" 29 de abril, 2020. https://toastmastershouston.com/benefits-of-joining/.

Blog, M. R. E. "Mejorando las habilidades de oratoria con técnicas de improvisación." *Medio* (blog), 1ro de octubre, 2020. https://medium.com/@MyResearchEssentials Blog/enhancing-public-speaking-skills-using-improvisation-techniques-17cfe ce7a517.

"Conectando con diferentes audiencias: adaptando su discurso para diversas demografías - hable como un líder."18 de diciembre, 2023. https://www.speaking.coach/connecting-with-different-audiences-tailoring-your-speech-for-various-demograp hics/.

Downey, Chelsea. "6 aplicaciones para mejorar sus habilidades de oratoria." Rev, 23 de febrero, 2024. https://www.rev.com/blog/productivity/public-speaking-apps-to-improve-your-skills.

Duplin, Sophia. "10 estrategias comprobadas de participación de oradores en eventos virtuales para cautivar a su audiencia | BeaconLive." https://www.beaconlive.com/blog/10-proven-virtual-event-speaker-engagement-strategies-to-captivate-your-audience-beaconlive.

Fasbinder, Fia y Gregg. "Consejos para hablar en público: 7 ejercicios diarios de oratoria que puede probar ahora mismo." Instituto Moxie (blog), 4 de abril, 2022. https://www.moxieinstitute.com/public-speaking-tips-7-daily-public-speaking-exercises-you-can-try-right-now/.

"¿Cómo la inteligencia artificial puede mejorar su oratoria?" Oratoria global, 23 de agosto, 2022. https://www.globalpublicspeaking.com/how-ai-can-improve-your-public-speaking/.

"¿Cómo estructurar un discurso para lograr el máximo impacto?" https://www.linkedin.com/advice/1/how-can-you-structure-speech-maximum-impact-skills-public-speaking.

"¿Cómo utilizar el humor de forma eficaz en los discursos? | 6 consejos con ejemplos." https://www.write-out-loud.com/how-to-use-humor-effectively.html.

Holtzclaw, Eric. "9 consejos para una sesión de preguntas y respuestas." 25 de febrero, 2013. https://www.inc.com/eric-v-holtzclaw/9-tips-for-handling-a-qa-session.html

Forma de hablar. "Gestión del tiempo: 12 consejos para su próxima presentación." Forma de hablar (blog), 22 de enero, 2012. https://mannerofspeaking.org/2012/01/22/speakers-its-about-time-and-how-to-manage-it/.

"Transiciones en un discurso o presentación." *Forma de hablar* (blog), 12 de mayo, 2019. https://mannerofspeaking.org/2019/05/12/transitions-in-a-speech-or-presentation/.

Microsoft 365. "Consejos para resolver dificultades técnicas." https://www.microsoft.com/en-us/microsoft-365-life-hacks/presentations/how-to-handle-presentation-interruptions-or-technical-difficulties.

Nortje, Alicia Ph.D. "¿Cómo hacer frente a la ansiedad? 5 técnicas de afrontamiento y hojas de ejercicios." PositivePsychology.com, 20 de octubre, 2020. https://positivepsychology.com/anxiety-coping-skills/.

OfficeBureau. "7 formas memorables de abrir un discurso o una presentación." YPO, 2 de abril, 2015. https://www.ypo.org/2015/04/7-memorable-ways-to-open-a-speech-or-presentation.

Desarrollo profesional y ejecutivo | Harvard DCE. "10 consejos para hablar mejor en público," 18 de marzo, 2020. https://professional.dce.harvard.edu/blog/10-tips-for-improving-your-public-speaking-skills/.

Shapira, Allison. "La respiración es la clave para hablar en público de forma persuasiva." *Revista de negocios de Harvard*, 30 de junio, 2015. https://hbr.org/2015/06/breathing-is-the-key-to-persuasive-public-speaking.

"Los 8 mejores sistemas de respuesta para la audiencia | Roundup." https://slideswith.com/blog/audience-response-systems.

Tomich, Janice. "5 consejos para mantener el contacto visual al hablar en público." Janice Tomich, 22 de junio, 2017. https://janicetomich.com/five-tips-making-eye-contact-public-speaking/.

Weik, Ulrike, Jennifer Ruhweza, y Renate Deinzer. "Disminución en la liberación de cortisol durante el estrés al hablar en público en mujeres que han sido excluidas". *Frontiers in Psychology* 8 (8 de febrero, 2017): 60. https://doi.org/10.3389/fpsyg.2017.00060.

www.ingramcontent.com/pod-product-compliance
Lightning Source LLC
Chambersburg PA
CBHW032212220526
45472CB00018B/1129